知識ゼロからの ChatGPT入門

生成AIに何をしてもらうと便利なのか

中央大学国際情報学部教授
岡嶋裕史

幻冬舎

はじめに

ここ数年、ChatGPTや生成AIという言葉を耳にすることが増えてきました。仕事や日々の生活のなかでAIが少しずつ浸透し、AIとの未来に期待や不安を抱く一方で、実際にどのように使えばいいのか、使うことで生活がどのように変わるのか、まだよくわからないという人も少なくありません。

ChatGPTは、膨大な学習データにもとづいて、私たちの質問やお願いに対して驚くほど自然な返答をしてくれる頼もしいパートナーです。文章の作成から情報収集、さらには家事のサポートやお金の相談まで、その使い道は無限大です。ビジネスでの高度な活用をイメージするかもしれませんが、実際には日々の生活にも役立つ手軽で身近な存在です。

本書は、まだChatGPTを使ったことのない人に使い方のイメージを広げてもらえるよう、仕事、生活、学びや遊びなどでの豊富な活用例を紹介しています。この本を通じて、ChatGPTとの付き合い方を学び、皆さんの毎日がもっと豊かで便利なものになることを願っています。

それでは、さっそくChatGPTの世界を一緒に探っていきましょう。

中央大学国際情報学部教授　岡嶋裕史

「知識ゼロからのChatGPT入門」　もくじ

はじめに ……… 1

PART1
ChatGPTは超優秀なパートナーになる

ー漫画ー　はじめまして! ChatGPT ……8

ChatGPTの特徴
膨大な学習量でさまざまな分野に対応できる ……18
できることがどんどん増えている ……20
安全に使うためのポイントを確認する ……22

ChatGPTの利用方法
PCやスマホですぐに使える ……24
無料版とPlusの違いを知っておこう ……28

GPTs〈カスタムGPT〉
多彩な助っ人が力を貸してくれる ……30

ープチ解説ー　チャットとドキュメントの
いいとこどりをする「canvas」 ……32

PART2
ChatGPTで仕事を効率化する

ー漫画ー　「ひとつよろしく」では伝わらない ……34

プロンプトの基本

リラックスしてどんどん話しかける ……36

カスタマイズ

自分専属のAIアシスタントに進化させる ……40

文章・コンテンツ制作

お詫びメールの文面を書いてもらう ……42

SNSへの投稿文を考えてもらう ……44

商品説明書の作成をサポートしてもらう ……46

人材管理

採用面接の質問を考えてもらう ……50

表形式のシフト管理表を作ってもらう ……52

接客マニュアルを作成してもらう ……54

データ分析

データを分析してレポートにまとめてもらう ……56

市場トレンドをリサーチしてもらう ……60

マーケティング

メニュー開発や商品名の考案を手伝ってもらう ……62

集客戦略をブレストしてもらう ……66

ペルソナを設定して顧客ニーズを探る ……68

内容を決めてアクションプランを立てる ……70

【プチ解説】ChatGPTと人気ツールを連携させよう ……72

【プチ解説】ChatGPTをベースにした「Copilot」で作業効率アップ ……74

PART3 ChatGPTで快適に生活する

【漫画】「あったら便利」を実現！我が家の救世主 …… 76

家事のサポート

家にある材料を使った献立を考えてもらう …… 78

片付けの段取りを提案してもらう …… 82

掃除の分担表を作成してもらう …… 84

お金のサポート

不用品を売るセールスコピーを作ってもらう …… 86

バーチャルFPとして家計管理をナビゲート …… 88

資産の増やし方をアドバイスしてもらう …… 90

生活のサポート

悩ましいギフト選びを手伝ってもらう …… 92

心に響くスピーチ原稿を作ってもらう …… 94

同窓会の幹事役を補佐してもらう …… 96

ペットの健康相談にのってもらう …… 98

お悩みサポート

話しにくい悩みを気軽に相談できる …… 100

PCトラブルやセキュリティの不安を相談 …… 102

思い出せない作品名を推理してもらう …… 103

【プチ解説】 ChatGPTと音声でやりとりしてみよう …… 104

PART 4 ChatGPTで学びや遊びを面白くする

[漫画] 先生よりも頼りになるって本当!? 106

学びのサポート

レポートの作成を手伝ってもらう 108

プレゼン用のスライド資料を練り上げる 112

音声機能を使って英会話の練習をする 114

英作文の添削をしてもらう 116

オリジナルの英単語リストを作ってもらう 117

興味を引き出し楽しく学べる環境を作る 118

クリエイティブ

作品をブラッシュアップしてもらう 120

子どもと一緒に簡単なゲームを作る 122

旅行プランを提案してもらう 124

外国語のメニューを翻訳してもらう 126

ゴルフの練習プログラムを提案してもらう 128

エンターテインメント

スポーツのルールを解説してもらう 130

映画、本、音楽をナビゲートしてもらう 131

[プチ解説] ラフスケッチから精巧な画像を作り出せる 132

PART 5

ChatGPTの基本を知ろう

AI（人工知能）とは？

人間のような知的活動をまねる技術 …… 134

AIは三度のブームで進化してきた …… 136

「機械学習」を繰り返して賢くなった …… 138

「ディープラーニング」で能力が急上昇 …… 140

生成AIとChatGPT

文章や画像、音声、動画を作り出す …… 142

ユーザーも一緒にAIを育てていく …… 144

生成AIとの付き合い方

「わからなさ」とうまく向き合っていく …… 148

得意なことを生かしてAIと協働していく …… 150

AIに責任を求めることはできない …… 152

一漫画一 2045年にAIが人間を超えるって本当？ …… 154

索引 …… 158

・本書で紹介する会社名やサービス名などは、提供元の商号、登録商標または商標です。
・本書の内容は2024年12月時点のものです。機能・各サービスの内容や画面、操作方法などが変更される場合があります。
・本書では、主に2024年現在のChatGPT無料版とChatGPT Plusを使用しています。
・システム上、ChatGPTの回答は毎回異なります。本書で紹介する回答はその一例です。また原則、ChatGPTの回答をそのまま掲載していますが、一部修正、省略しています。

PART **1**

ChatGPTは超優秀なパートナーになる

ChatGPTとはどんなもので、どんな特徴や使い方ができるのか、見ていきましょう。

PART **1** ChatGPTは超優秀なパートナーになる

「AI」についての解説→P134

「チャットボット」…ユーザーが入力するテキストや音声に対して自動返答する会話型プログラムのこと。

PART 1　ChatGPTは超優秀なパートナーになる

Profile プロフィール

名前： **ChatGPT**（チャットジーピーティ）

- 「Chat Generative Pre-trained Transformer」の略。大規模言語モデル（P144）の一種である「GPT」をチャット用に調整した対話型AI。
  Chat（会話）：自然な対話を行う
  Generative（生成）：その場で回答を生成する
  Pre-trained（事前学習）：膨大なテキストデータで事前に学習されている
  Transformer（変換モデル）：言葉を分析・生成するしくみ

スキル： 人間のように会話することができる

- 質問に答えたり、話を聞いたり、アイデアを提案したりできる。多言語に対応しており、さまざまなシーンでコミュニケーションが可能。ビジネス、学習、日常生活の役に立つ。

開発者： **OpenAI**（オープンエーアイ）

- AIの研究と開発を行うアメリカの企業。AIの普及や発展によって、人類全体に利益をもたらすことを目的としている。

リリース日： 2022年11月30日（GPT-3.5）

- リリース直後に一躍注目を集めて、5日で100万人、2ヵ月で1億人のユーザー数に達した。
- 2023年3月にGPT-4がリリース。2024年5月にGPT-4oが、7月にGPT-4o miniが紹介され、その後もo1、o1-miniとさまざまなモデルが登場。回答の精度が向上し、より高度な作業をこなせるようになっている。

公式サイト： https://openai.com

※OpenAIの利用規約では、サービスの利用者は13歳以上である必要があり、18歳未満のユーザーは保護者の同意が必要と設定されている（2024年12月）。

次のページへ

11

ChatGPTでできること

たとえばこんなことができるよ

対話　➡ P98、100、131

こっそり秘密の相談も!
リアルな会話を楽しめる

例
- 趣味に関する会話
- バーチャル友達
- 自己分析
- 悩み相談

孤独を感じるときや誰かに話を聞いてほしいときの話し相手になる。幅広いジャンルの話題に対して柔軟に対応。「甘えん坊のペット風」「しっかりもののコーチ風」のように役割や口調を設定することもできる。

質疑応答　➡ P60、102、130

調べるより簡単!
わからないことを聞いてみる

「明日の天気は?」「APIって何?」「この競技のルールを教えて」と聞くと、その場で説明してもらえる。「Webブラウジング」の機能で最新情報を確認することも可能。

- 気になることを質問
- 時事ニュースを質問
- スポーツのルール解説

文章の作成・編集　➡ P42、44、94

面倒なメールやスピーチの
下書きが一瞬で完成!

メールや報告書、提案書などの文書を迅速に作成。文法ミスや誤字脱字の修正、ターゲットに合わせた言葉やトーンの調整など細やかにサポート。短時間でプロフェッショナルな仕上がりに。

- メールやスピーチの草案作成
- ビジネス文書やブログ記事の作成
- 文章の体裁や表現の調整
- 文章の校正、要約

「Webブラウジング」…会話中に、インターネット検索をして最新の情報を調べて、その結果を回答に反映する機能。

PART 1　ChatGPTは超優秀なパートナーになる

アイデアの創出　→P62、66、92

疲れることなく
無限にアイデアを出し続ける

新しい企画やアイデアがほしいとき、大量のコピー案がほしいとき、物語の創作で行き詰まったときに、思考のパートナーとして活用。AIとのブレインストーミングで、発想を広げてアイデアを整理できる。

- アイデアの壁打ち相手
- 新企画や新商品開発のサポート
- ストーリーや詩の創作をサポート
- キャッチコピー案の千本ノック

データの整理・分析　→P56、108、112

自分専属のデータサイエンティストがサポート

IR資料や会社案内から、コンサルタントが作成したようなレポートをまとめてくれる。ドキュメントやExcel、PDFなどのデータファイルを与えて要約させたり、グラフや表、プレゼン資料を作成させたりすることもできる。

- アンケート結果の集計
- データ分析のサポート
- グラフや表の作成
- プレゼン資料の作成

関数やコードの生成　→P122

ステップバイステップで
プログラミングを教えてくれる

こんなことまでできるなんて！試してみたいな

Python、JavaScript、C言語といった主要なプログラミング言語や、HTML、WordやExcelのマクロなどに幅広く対応でき、簡単なコードを生成したり、プログラミングをサポートしたりしてもらえる。

- Excel関数の作成
- Excelデータの処理の自動化
- プログラミングのサポート
- オセロなど簡単なゲーム開発をサポート

13

言語モデルの進化でできることがどんどん増えているよ

>> 外国語の翻訳、学習支援 　➡ P114、116、126

1日中好きなときに英会話の練習ができる

外国語の文章・メールの翻訳や、国際的なコミュニケーションをサポート。多言語に対応しており、語学学習のために、文法解説や練習問題を作成したり、会話の練習相手になったりできる。

- ・外国語の資料を翻訳
- ・英文メールの作成
- ・外国語学習の支援
- ・英会話練習の相手役

>> 音声入出力 　➡ P114、130

ボイスモードで もっと自然なやりとりができる

音声の入出力機能により声だけで対話できるため、別の作業をしながらChatGPTを使うことも可能。有料版の高性能なボイスモードだと、まるで人と会話をしているような体験ができ、通訳代わりに使う方法も。

- ・ハンズフリーでの操作
- ・多言語での会話体験
- ・発音やリスニング練習
- ・音声内容のテキスト化

>> プランニング支援 　➡ P96、124、128

情報収集、提案、スケジュールや タスク管理までフルサポート

企業イベントから誕生日パーティ、懇親会、個人の旅行まで、さまざまなプランニングをサポート。「はじめての幹事。何からすればいい？」と段取りを聞けばイチから教えてくれる。ゴルフの練習メニューの提案も。

- ・イベント企画の相談
- ・旅行プランの作成
- ・幹事業務のサポート
- ・練習スケジュールの提案

PART 1 ChatGPTは超優秀なパートナーになる

画像生成 ➡P121

創作小説の内容にぴったりな挿絵を生成する

テキスト指示をもとに画像を生成できる。たとえば、「海の夕日が美しい風景」をリクエストすると、そのイメージにマッチした画像を作り出すことが可能。

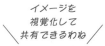
イメージを視覚化して共有できるわね

- 写真からイラストを生成
- 言葉から画像を生成
- デザインのプロトタイプ作成
- 架空のキャラクター作成

画像認識・画像解析

➡P81、82、126

料理の写真をアップしてカロリーをチェック!

画像を読み取ってその内容を説明したり、画像を分析したりすることが可能。外国語の観光案内板を撮影して、翻訳させることもできる。

- 料理写真でカロリー確認
- 洋服のコーディネート支援
- 動植物の画像から情報を取得
- 居間の画像から片付け方法を提案

家事のサポート ➡P78、82、84

冷蔵庫にある食材に合わせて、最適なメニューを提案!

家事を効率化するアイデアやアドバイスを提供してくれる。冷蔵庫内の写真をアップロードして献立を相談したり、クローゼットの写真をアップロードして収納方法を提案したりしてもらうことも。

まるで専任の家事代行だね

- 献立やレシピの提案
- 買い物リストの作成
- 効率的な掃除方法の提案
- 贈り物の提案

PART 1　ChatGPTは超優秀なパートナーになる

有料版はPlusのほかにProなどのプランがある→P28

ChatGPTの特徴

膨大な学習量でさまざまな分野に対応できる

問いかけに答えるプロセス

❶ 事前学習

ChatGPTの言語モデル（GPT）は、事前に、書籍や論文、インターネット上などにある膨大な文字情報を学習することで、幅広い分野の知識を取り込み、文章や会話の構造やパターンを学んでいる。

問いに合わせて答えを「生成」する

従来のチャットボットは、「営業時間は？」のような決まった質問には答えられる一方、予期せぬ質問には対応できないルールベース型が一般的でした。

しかし、ChatGPTは、どんな質問や話題にもそれなりに精度の高い回答を返します。これは、大量の文字情報を学習した言語モデルが、その場で答えを「生成」しているためです。

さらに追加の質問に応じてチャット形式で対話を続けられるため、会話がスムーズで、より

18

PART 1　ChatGPTは超優秀なパートナーになる

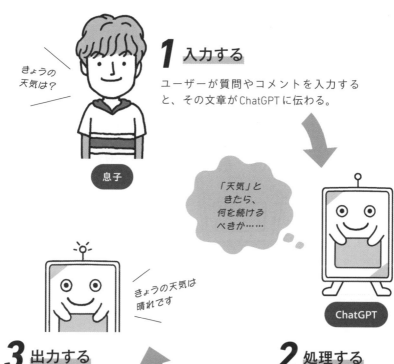

1 入力する
ユーザーが質問やコメントを入力すると、その文章がChatGPTに伝わる。

2 処理する
入力された文章を解析し、文脈にもっとも適した回答（単語やフレーズ、言い回しなど）を予測する。

3 出力する
予測した結果をもとに、自然な文章を生成して答える。

「もっともらしい」言葉を連ねている

自然に感じられます。

まるで人間を相手にしているような自然な会話ができるのは、「もっともらしさ」を重視しているから。事前に学んだデータや会話の流れをもとに、「この言葉の次にくる確率の高い言葉はこれ」と予測し、最適な応答をつなぎ合わせて会話を進めています（詳しくは5章参照）。

最適な「次の言葉」を確率計算しています

ChatGPTの特徴　できることがどんどん増えている

得意・不得意を見極める

得意！ 話し相手として思考や感情の整理をサポート

人間関係で悩むときや、将来の不安やストレスを抱えているようなときは、ChatGPTと対話することで、感情を落ち着かせたり、考えを整理したりすることができる。

得意！ さまざまな種類の文章を作成・編集する

ブログ、メール、レポートなど多様な文章を即座に作成。「子ども向け」「楽しく読めるように」といった目的に合わせて、トーンや言葉遣い、文字量なども調整できる。

得意！ 幅広いアイデアや解決策を提示する

ビジネス戦略から日常のお悩み解決まで、幅広い分野で具体的なアイデアや解決策を提案できる。オーソドックスなものや、ひねりを加えたものなど多様な選択肢を提示可能。

対話や文章生成を無限にこなせる

ChatGPTは、あらゆる質問に対応できるだけでなく、対話を続ける力にも優れています。質問を重ねることで、スムーズかつ自然な会話が成立し、よき話し相手としていつまでも寄り添ってくれます。

また、ブログ記事やメールの作成、アイデア出しなどは大得意。短文から長文まで、多様なスタイルに対応し、ユーザーの意図に沿ったコンテンツを生成できます。多言語対応が可能なため、国際的なコミュニケーシ

PART 1　ChatGPTは超優秀なパートナーになる

⚠ 苦手！
思考を重ねて正解を導き出すこと

新しい問題や複雑な状況で正解を導き出すのは不得意。推論する力は改善してきたが、文脈の変化や感情的な判断への対応が難しく、人間らしい柔軟な思考とは異なる。

⚠ 苦手！
かつてない独創的なアイデアを出すこと

完全に新しい発想や斬新なアイデアの提案には限界がある。既存のデータや知識を学習してその範囲内で回答するため、発明のような革新的でクリエイティブな提案は難しい。

⚠ 苦手！
未来を予測すること

未来の出来事は学習データに存在しないため、未来予測は難しい。過去のデータやパターンをもとにした推測や一般的な応答が行われるが、正確な予測にはならない。

⚠ 苦手！
正確な情報を得ること

GPT-4oの学習データは2023年10月までのもの。会話中にインターネットを検索する「Webブラウジング」機能を使っても、情報の正確性や鮮度には限界がある。

> **じつは思考していない**
>
>

ョンにも活用できます。

モデルの進化に伴い、画像の解析や生成も可能になり、さらに幅広いタスクに対応できるようになっています。

ただし、ChatGPTは、膨大なデータから確率的に次の言葉を予測して答えを生成しているだけ。そのため、自然な会話ができるものの、内容が必ずしも正確とは限りません。専門的な話題や複雑な問題には対応が難しい場合もあります。

こうした機能を最大限に生かすためには、得意・不得意を理解し適切に使うことが重要です。

利用上の注意 — 安全に使うためのポイントを確認する

気をつけたい4つのポイント

つい、デタラメを答えてしまうこともある……

☑ **正確かどうかを確認する**

回答が正確であるとは限らない。専門的な内容、時事問題、最新の研究、判断や決定にかかわるような内容については、信頼できる情報源で確認を。

個人情報や機密情報が何かに使用される可能性も……

☑ **プライバシーに注意する**

ChatGPTは、ユーザーが入力した情報を学習データとして使用する場合がある。学習データを経由して情報が流出する恐れもあるため、重要な情報は入力しない。

話をでっち上げてしまうことも

ChatGPTは、ユーザーの質問に何とか答えようとするあまり、話をでっち上げたり、嘘を返してしまったりすることがあります。これを「ハルシネーション」といいます。「もっともらしい答え」と「正確さ」は異なるため、上に挙げた注意点を意識して使い、過度に依存しないことが大切です。

会社で使用するときには、これに加え、会社の経営方針に沿っているかを確認し、社内ガイドラインを整備しておくと安心。

22

PART 1　ChatGPTは超優秀なパートナーになる

育ちによっては、偏った見方や差別をすることも……

☑ 批判的な目で情報を扱う

学習データに含まれるバイアスを引き継いで、偏った見解やステレオタイプが含まれることがある。偏見や差別的な表現に対して批判的な視点を持って回答を受けとめるようにしたい。

類似の内容や文章の剽窃がないかを調べるツールもあるよ

他人の権利を侵してしまう可能性がある

☑ 著作権を守る意識を持つ

OpenAIの利用規約では、生成されたコンテンツは商用利用OK（2024年現在）。ただし、既存の出版物や論文、各種コンテンツと酷似したものを生成してしまう可能性があるため、著作権侵害に当たらないか十分な注意が必要。

（例）
CopyContentDetector®
https://ccd.cloud/

Dupli Checker
https://www.duplichecker.com/ja

Column

OpenAIの利用規約を確認しよう

上記の4ポイント以外にも注意が必要。たとえば、他人を傷つけたり暴力を助長したりするコンテンツ、性的なコンテンツの作成は禁止されています。OpenAIの利用規約やガイドラインを確認し、安全に活用しましょう。

13歳未満の利用は保護者の同意が必要です※

※13歳以上であっても、18歳未満の未成年は保護者の同意のもとでChatGPTを使用することが推奨されている。

PCやスマホですぐに使える ChatGPTの利用方法

基本的な始め方

step 1 ChatGPT (https://chatgpt.com/) にアクセスする

step 2 サインアップ、またはログインする

初回は［Sign up］から登録を行い、2回目以降は［Log in］に登録したメールアドレスとパスワードを入力する。ログインしないで使うときは［Stay logged out］をクリックすればOK。

ブラウザでもアプリでもOK

ChatGPTは、パソコンやスマートフォンを使って手軽に利用できます。操作はシンプルで特別なスキルは必要ありません。2024年4月からは、公式サイトにアクセスするだけで、すぐにAIとの対話を開始できるようになりました。

基本的な質問や会話にはログインは不要ですが、高度な機能の使用やチャット履歴の保存には、アカウントの作成が必要です。一度作成すれば、ブラウザでもアプリでも利用できます。

24

PART 1　ChatGPT は超優秀なパートナーになる

①新しい
　チャット

新しいチャットルームが開き、イチから対話を始められる。

②サイドバーを
　開く／閉じる

チャット履歴などの表示・非表示を切り替えられる。

③GPTsを
　探す

特定の目的に合わせてカスタマイズされたChatGPTを検索できる。

④モデル

使われているChatGPTのモデルが表示される。利用プランによって使えるモデルは異なる（P28）。

⑤アカウント

アカウントメニューが開き、設定の変更やGPTのカスタマイズ、ログアウトなどが可能。

⑥プランを
　アップグレード

有料プランへの変更手続きに進むことができる。

ChatGPTの画面

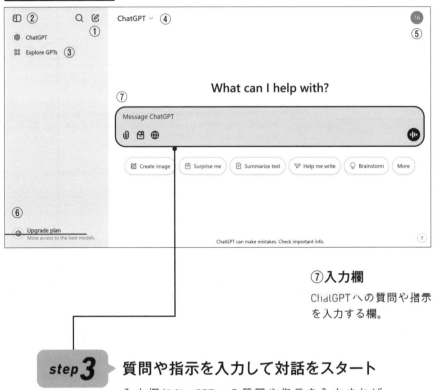

⑦入力欄

ChatGPTへの質問や指示を入力する欄。

step 3　質問や指示を入力して対話をスタート

入力欄にChatGPTへの質問や指示を入力すれば、ChatGPTとの対話が始まる。やりとりのしかたは、次ページへ。

25

ChatGPTに質問する

1 質問を入力する

質問や指示(「プロンプト」と呼ぶ)を入力し、右端の「↑」をクリックする。Enterキーを押すことでも送信できる。

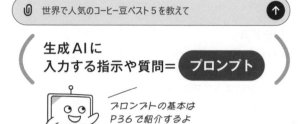

2 回答が表示される

プロンプトに対するChatGPTからの回答が表示される。

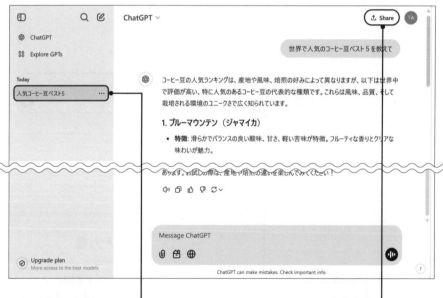

チャットの履歴
これまでのチャットルームの一覧が表示され、クリックすると過去のやりとりを確認できる。同じチャットルームでの会話を覚えているため、続きから会話を再開することも可能。

チャットを共有
クリックすると、表示しているチャットを共有するためのリンク(URL)を作成できる。やりとりを誰かと共有したいときに便利。

26

3 追加の質問や指示を入力する

同じチャットルーム内でのやりとりは記憶されるため、それまでの会話に出てきた前提を省いて、質問や指示を重ねていくことができる。

（例）

「そのなかで〇〇なのはどれ？」と質問を掘り下げる

「カジュアルな言い方に変えて」「小学生がわかるようにたとえて」と指示したり、条件をつけたりする

●回答をもっと有効活用できる

回答の下に表示されるアイコンを活用することで、回答の読み上げやコピー、別回答の再生成などができる。

①Read Aloud
回答を音声で読み上げてくれる。

②コピー
クリックすると回答をコピーできる。

③④評価ボタン
回答に対して、③は「よい回答」、④は「よくない回答」とフィードバックする機能。

⑤再生成・モデルの変更
クリックすると別の回答を再生成する。回答するモデルを切り替えることも可能。

Column

スマホアプリ版も使ってみよう

iPhoneでもAndroidでも、ChatGPTの公式スマホアプリを簡単に利用できます。画面構成は多少異なるものの、ブラウザ版と同じく直感的に使えます。

とくに便利なのは、音声入力（ボイスモード）機能です。キーボードを使わずに話しかけるだけで質問でき、ChatGPTが音声で回答を返してくれます。料理中にレシピを聞く、運転中に道案内を頼むなど、手がふさがっていても作業を中断せずに使えます。

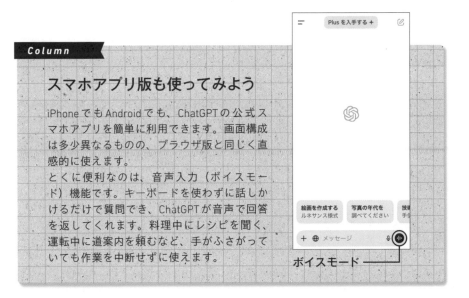

ボイスモード

無料版とPlusの違いを知っておこう

ChatGPTの利用方法

2つのプランの違い

	無料版	ChatGPT Plus
価格	無料	月額$20（約3,000円）
言語モデル	GPT-4o mini、GPT-4o（制限あり）	GPT-4、GPT-4o、GPT-4o mini、o1およびo1-miniは制限あり
画像対応	○制限あり	◎
Webブラウジング	○制限あり	◎
ファイルのアップロード	○制限あり	◎
データ分析	○制限あり	◎
GPTsの使用	◎	◎
GPTsの作成	×	◎
速度	標準速度、混雑時に遅くなることあり	高速、優先アクセスあり

＊2024年12月に新たな有料プラン「ChatGPT Pro」（月額$200）が追加された。
＊最新情報は、OpenAIの公式サイト（https://openai.com）をご確認ください。

有料プラン「ChatGPT Plus」

無料版のChatGPTは、応答速度が遅くなったり画像生成やファイルアップロードにすぐ制限がかかったりして、不便に感じることがあります。

ビジネスや学習で効率よくクリエイティブな作業を進めたいときは、有料プランを検討してみましょう。制限が大幅に改善され、精度の高い安定したパフォーマンスが期待できます。

必要なければ解約も簡単。気軽に試して、自分に合ったプランを見つけてみてください。

有料版Plusのメリット

💡 回答の質が向上する

アクセスできる言語モデルの種類が多く、無料版にある利用制限が緩和されるため、より精度の高い回答を得られやすい。

💡 機能の制限が緩和される

画像の認識や生成、Webブラウジング機能、ファイルのアップロード、分析機能などを利用できる（無料版では利用回数や対応範囲に制限がある）。

💡 オリジナルGPTを作成できる

自社情報を学習させたカスタマーサポート用GPTや、特定の口調で対話できるGPTなど、目的に合わせたGPTs（カスタムGPT）を作成でき、公開することもできる。

💡 新機能に先行アクセスできる

新しいモデルが登場するときや、新機能が追加されるときに、Plusユーザーは、ひと足先にお試し利用することができる。

動画生成AI「Sora」もお試しできる

Plus（やPro）ユーザーは、AIを活用した動画生成サービス「Sora（ソラ）」も利用できる。用意したテキストや画像から手軽に動画を生成し、映像表現を楽しむことが可能。

Column

「無料の落とし穴」に気をつけたい

無料サービスは魅力ですが、その裏には見えないコストが潜むもの。企業が広告収入に頼りすぎた結果、偏った情報や中毒性の高いコンテンツを生んでしまうこともあります。利用者が対価を払うことは、利用者のためのサービス開発につながります。音楽のサブスクリプションが広がっているように、「お金を払って好きなものを楽しむ」感覚も大切です。

有料プランは健全で質の高いサービスを支える

法人向けに「ChatGPT Team」や「ChatGPT Enterprise」といった有料プランもある。さまざまな制限が緩和され、高度なセキュリティ機能や共有機能なども搭載されている。

GPTs（カスタムGPT）

多彩な助っ人が力を貸してくれる

いろいろなGPTs

画像、動画、コードの生成、記事の作成、論文検索、デザイン・ロゴ、Webページの作成などに特化したGPTsが人気。

イラスト生成
image generator

簡単な言葉による指示だけで、さまざまなタッチでイラストを描いてくれる。

記事作成
Write For Me

テーマやターゲット、文字数などを質問しながら概要を作成し、ブログ記事を執筆してくれる。

論文検索
Scholar GPT

Google Scholarなどのデータベースから学術論文を検索して、情報収集や要約をしてくれる。

デザイン作成
Canva GPT

名刺やスライド、ロゴなどのデザインに合ったテンプレートを選んでくれる。

ChatGPTの可能性を広げられる

「GPTs」は、特定のタスクや目的に合わせて調整されたチャットボットの一種で、それを作成・利用できる機能です。「GPTストア」には、クリエイティブ、ビジネス、学術、動画生成など多様な分野に特化したGPTsが公開されています。必要なものを追加すれば、機能が拡張され、少ない手間で専門的なサポートを受けられます。有料版のユーザーであれば、自分でカスタムGPTを作成し、公開することも可能です。

GPTsを使う手順

「Explore GPTs」
(GPTsを探す)
をクリックする

GPTsを
検索する

検索ボックスにキーワードを入力して検索するほか、「機能別」「人気」「おすすめ」などのなかから選ぶこともできる。

使いたいGPTsをクリック。

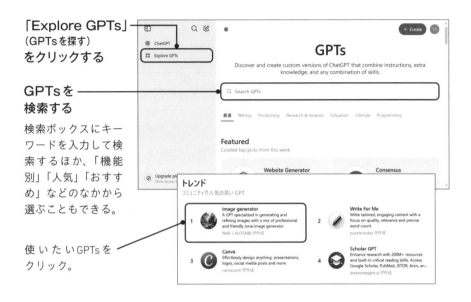

利用を始める

ChatGPTと同じように、質問やタスクを入力して対話を始める。

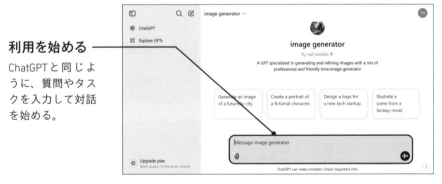

一度利用したGPTsはサイドバーに追加され、いつでも呼び出せるようになる。

> プチ解説

チャットとドキュメントの いいとこどりをする「canvas」

 クリエイティブ作業のよきパートナーになるよ

2024年10月、OpenAIは「ChatGPT-4o with canvas」（ベータ版）を発表し、現在はすべてのユーザーが利用できるようになりました。「canvas」では、チャットとドキュメント画面が同時に表示され、会話内容が自動的にドキュメントに集約されます。ドキュメント画面で直接編集したり、共有リンクを活用して複数人でリアルタイムに共同編集したりすることも可能です。文章を調整する機能や、コードのエラーを特定して修正を提案する機能も備わっており、作業スピードが向上するでしょう。

ユーザーのフィードバックによって、さらなる機能向上が期待されます。

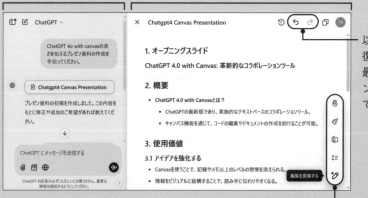

チャット画面／canvas（ドキュメント画面）

以前の作業を復元したり、最新バージョンに戻したりできる。

編集提案、長さの調整、読解レベルの変更、最終仕上げ、絵文字の追加などの機能が備わっている。

PART 2

ChatGPTで
仕事を効率化する

最初はビジネスでの活用例を紹介します。
業務効率を大幅に向上させる使い方を見ていきましょう。

リラックスしてどんどん話しかける

プロンプトの基本

会話を楽しみたいとき

ChatGPTは友好的で礼儀正しく、中立的に対応するように設計されているため、安心して会話のキャッチボールを楽しめる。思いつくままに話しかけても、失礼な反応や説教などをすることなく、ユーザーに寄り添ってサポートしてくれる。

思いつくままに話しかければOK

「今日はこんなことがあったよ」

「何か面白い話をして」

雑談をしたり、気になったことを気軽に質問したりするときは、友達と話すときのようにプロンプトを投げかける。

おしゃべりしたい？答えを聞きたい？

ChatGPTは、どんな聞き方をしてもある程度の答えが返ってくるのが強みです。おしゃべりを楽しみたいなら、難しく考えずにどんどん話しかけましょう。

一方、明確な答えや情報を得たいときは、プロンプト（質問や指示）に少し工夫が必要です。たとえば、翌日の完成を期待して「報告書を早めに仕上げて」と伝えても、相手にとっての「早め」の基準が3日後だと、期待通りの結果が得られません。

36

回答を求めたいとき

プロンプトが具体的であればあるほど、精度の高い答えが返ってくる。質問に対する回答や、指示に対する結果を出力してほしいときは、目的や前提条件、回答レベルといった情報を事細かに盛り込んだプロンプトにするとよい。

目的や条件を明確にする

NG!
「ダイエット方法を教えて」

Good
「あなたは管理栄養士です。
40代女性のポッコリお腹に効く
短期間で効果的な
ダイエット食事法を教えて」

何を知りたいのか、何を達成したいのかを明確に伝え、問題や質問の背景情報を盛り込むと、より目的に合った回答が得られる。

回答レベルや形式を伝える

Good
「専門用語を使わず、小学生でもわかるように教えて」

Good
「一覧できる表形式で簡潔にまとめて」

回答のレベルや形式の指定を加えることで、その条件に応じた回答に調整してくれる。具体的な回答例（フォーマット）を示すと、同じ形式で回答が出力される。

何度でもやり直せる

あいまいな指示や質問が誤解やすれ違いを招き、期待外の結果になりがちなのは、相手が人間でもAIでも同じです。

上のように、具体的な目的や前提条件を入れたプロンプトだと、より早くより望ましい回答を引き出すことができます。

AIは、情報をいくらてんこ盛りにしても、人間のように疲れないし、質問を何度繰り返しても嫌がりません。

回答が期待通りでないときは、質問を変えたり、条件を追加したりして、何回でもトライしましょう。

回答の質が向上するプロンプトの工夫

プロンプトと回答は鏡のようなものなので、プロンプトが具体的で明確なほど、より的確で役立つ情報を引き出すことができる。誤りや不正確な回答を防ぐために、以下のような工夫を取り入れるとよい。

質問の焦点を合わせる

複数の質問をまとめて聞くと、回答が分散してしまうことがある。前提条件や情報はてんこ盛りでよいが、一度に1つの質問に絞ると回答がぶれない。

段階的に聞く

複雑なトピックの場合は、「まず概要」「次に具体例」と順を追って質問すると的確なサポートを得やすい。フィードバックや追加質問をしながら内容を掘り下げていく。

不正確な回答を防ぐ

下のような言葉をプロンプトに入れると、ハルシネーション（P22）や不正確な回答を減らすことができる。

- 「わからないときは『わからない』と答えて」
- 「この情報が古い場合や不正確な可能性があれば教えて」
- 「事実にもとづいて回答し、根拠や出典も示して」
- 「中立的でバイアスのない視点で答えて」

他人の著作物に関する質問は著作権侵害につながりかねない。慎重に行いましょう

精度アップのひと言プロンプト

内容が浅い、結論があいまいなど、回答に不満があるときは、
ひと言プロンプトを付け足すことで回答精度を高められる。

「簡潔に説明して」
「結論から話して」
「箇条書きにして」
「〇〇形式で出力して」
（例：リスト形式、表形式）
「ステップごとに分けて説明して」
「最初のステップだけ教えて」
「要点を3つにまとめて」
「〇文字以内で」
「専門用語を使わないで」
「専門的に説明して」
「その理由を教えて」
「ビジネスカジュアルなトーンで」
「ユーモアを交えて」
「小学生がわかるように」
「初心者向けに」
「推測ではなく事実で」
「誤りがあれば教えて」

「メリットとデメリットを教えて」
「強みと弱みを教えて」
「比較して」
「数字やデータを使って説明して」
「反対の視点を取り入れて」
「たとえ話を入れて」
「具体例を挙げて」

改行や記号、箇条書きなどでプロンプトを整理しよう

改行や記号を活用して指示と内容を区別したり、箇条書きで要件を整理したりすると、プロンプトが明確になる。

Column

プロンプトエンジニアリングって？

AIの性能を最大限に引き出すために、プロンプトを工夫する技術を「プロンプトエンジニアリング」といいます。明確な目的や具体的な条件を示すことはその基本です。さらにビジネス分野では、非常に細かい条件やルールを組み合わせた高度なプロンプトエンジニアリングを駆使して活躍する専門家も増えています。複雑なリサーチや高度な分析を行いたいときは、調べてみるとよいでしょう。

自分専属のAIアシスタントに進化させる（カスタマイズ）

設定画面の開き方

アカウント名をクリックして [Settings（設定）] をクリック。

Language（言語）の項目で、[日本語] を選ぶと表示が日本語に切り替わる。

[パーソナライズ] から、[メモリ] のオン/オフを切り替えられる（初期設定はオン。オフにすると会話を記録しない）。

[ChatGPTのメモリをクリアする] で、記憶内容を消去できる。

自分好みの応答スタイルに

「メモリ機能」や「カスタム指示」を使うと、より自分に合った快適な使い方ができます。メモリ機能は、過去の会話を覚えて次回に生かせる機能です。たとえば「SDGsに興味がある」と伝えておくと、ニュースを聞いた際に関連する話題が提案されることがあります。

カスタム指示では、応答のトーンやスタイルを自由に設定できます。「猫語で話して」と指示しておけば、毎回そのスタイルで会話が進むのです。

40

カスタム指示の設定方法

[アカウント名]→[Customize ChatGPT（ChatGPTをカスタマイズする）]をクリックすると、設定画面が開く。右ページ3枚目画像の［メモリ］の上にある［カスタム指示］でも同じ画面が開く。

ヒントを参考に、覚えておいてほしいことを入力。
一度設定すればいつも同じスタイルの応答を得られるが、設定の見直しやプライバシー面での注意を忘れずに。

設定ポイント

口調（トーン・スタイル）

「丁寧」「フレンドリー」「ビジネスカジュアル」「ツンデレ」「癒し系」など。キャラクターを設定して会話を楽しむこともできる。

回答レベル・応答の長さ

「初心者向け」「中級者向け」「簡潔に」「専門的に」「詳細に」「要約して」のように、回答の深さや難易度、応答の長さなどを指定できる。

興味のある分野・専門性

マーケティング、テクノロジー、ヘルスケアなど、仕事のテーマや興味のある分野を伝えておくと、関連する話題や情報が優先的に提供される。

コミュニケーションスタイル

「ポジティブに励まして」「ユーモラスに応援して」「会話の最初に体調や気分を確認してほしい」といった設定で雰囲気を調整できる。

文章・コンテンツ制作

お詫びメールの文面を書いてもらう

1 メールの作成を指示する

> 喫茶店のお客様向けに謝罪メールを作成してください。予約席の準備が遅れたことをお詫びしたいです。

メールを送る相手、目的、内容を簡潔に記す。

Chat GPT

件名：予約席の準備が遅れたことについてのお詫び

親愛なるお客様へ、

いつも喫茶店［店名］をご利用いただき、誠にありがとうございます。店主の［あなたの名前］です。

このたびは、［お客様の名前］様にご予約いただいた席の準備が遅れ、ご迷惑をおかけしてしまいましたこと、心よりお詫び申し上げます。

当日は想定外の混雑とスタッフの調整ミスにより、予約席の準備が遅れてしまったことを深くお詫び申し上げます。お客様には、快適な時間をお過ごしいただくべきでしたのに、不手際でその機会を逸してしまったことを重く受け止めております。

今後、このようなことが二度と起こらないよう、スタッフ全員での事前準備と迅速な対応を徹底してまいります。

：（後略）

たたき台があるとラクだな〜

気が重い作業もサクサク進められる

ChatGPTを使えば、お詫びや依頼、交渉などのビジネスメールや、プライベートなお誘いメールなど、気を遣う文章を簡単に作成できます。

送信相手や伝えたい内容を入力するだけで、適切な文面がすぐに提案されるうえ、文章のテイストや文字量を調整するのも簡単。気になるところを少し手直しするだけで完成させられます。メール作成の時間と手間が大幅に減って、業務効率が格段に向上します。

PART 2　ChatGPTで仕事を効率化する

2 変更点を明示して修正する

> お詫びとして、「次回、飲み物1杯をサービスする」内容を補足してください。

修正したい部分について、具体的な内容を明示する。

ChatGPT
件名：予約席の準備が遅れたことについてのお詫びとサービス提供のお知らせ

親愛なるお客様へ、

いつも喫茶店［店名］をご利用いただき、誠にありがとうございます。店主の［あなたの名前］です。

：（中略）

今後、このようなことが二度と起こらないよう、スタッフ全員での事前準備と迅速な対応を徹底してまいります。お客様の信頼を失わないよう、努めてまいりますので、どうぞご理解とご支援を賜りますようお願い申し上げます。

今回の不手際に対するお詫びとして、次回のご来店時にはお飲み物を1杯無料でサービスさせていただきます。お気軽にお声掛けくださいませ。

引き続き、喫茶店［店名］をご愛顧いただけますよう、よろしくお願い申し上げます。

敬具

このまま使えそう！

明示した内容に合わせて、特別サービスの内容が追加された。修正の指示をして完成形に近づければ、少しの手直しで出来上がる。

プロンプトのコツ

メールへの返信文を瞬時に作成！

毎日何十通ものメールを受け取ると、返信に多くの時間がかかります。そんなときは、ChatGPTのプロンプトに受信メールを貼り付けて、返信目的やトーンを入力するだけ。丁寧かつ的確な返信文がすぐに作成され、業務を効率化できます。

> 以下のメールに対して、感謝を伝えつつ、来週対応するという返信文を作成してください。
>
> ［受信したメール文を貼り付ける］

※個人情報の保護には配慮しましょう。

43

SNSへの投稿文を考えてもらう

文章・コンテンツ制作

1 SNS向きの文章作成を指示する

> 商店街の盆踊りで配布する団扇持参のお客様に、ドリンクを50円引きする予定です。SNSの告知文を考えてください。

告知したい内容を具体的に入力する。「以下の説明に沿って、SNS用の告知文を考えて」として、説明を箇条書きしてもOK。

 ChatGPT もちろんです。以下のようなSNS告知文はいかがでしょうか？

🌕 商店街の盆踊りスペシャル！🌕

今年も商店街の盆踊りがやってきました！🏮
お祭り気分をさらに盛り上げるために、特別なご案内です！

🎐【団扇持参でドリンク50円引き！】🎐
当日、商店街で配布する団扇を持って来ていただくと、ドリンクが50円引きになります！冷たいドリンクを片手に、楽しい時間をお過ごしください🍹

皆様のご来場を心よりお待ちしております！

#商店街 #盆踊り #お祭り #団扇 #ドリンク割引

短い文章で、改行や絵文字を効果的に使っているよ！

手間を省いて質を高めよう

SNSの投稿文を考えるのは、時間と手間がかかるものです。短い文章でも、言葉選びやトーンに気を使ったり、読者に響く内容を工夫したり……。投稿頻度が高いとネタ探しも一苦労。そんな負担を軽減できるのが、ChatGPTです。親しみやすい投稿からフォーマルな告知まで、簡単に生成できます。内容や表現が意図に合っているか確認して調整するだけで、スムーズに投稿文を仕上げることができます。

PART 2　ChatGPTで仕事を効率化する

2 文章のテイストを修正する

> 10～20代の若者視点に合うように文章を調整してください。

新規の若い お客様に来て もらいたいな

🤖 もちろんです。以下のように若者視点に合わせて調整しました。

🎆 商店街の盆踊りスペシャル！🎆

今年も商店街の盆踊りがやってきたよ！🎐
さらに楽しめるお得な情報をお届け！

🍹【団扇持参でドリンク50円引き！】🍹
当日配布の団扇を持ってきてくれた方には、ドリンクが50円引きになるよ！冷たいドリンクで夏の夜を楽しもう🍺

みんなの参加を待ってるよ！友達や家族と一緒にぜひ来てね 😊

#商店街 #盆踊り #お祭り #団扇 #ドリンク割引 #夏の思い出 #友達と一緒に

> 「若者視点に合うように」と追加で指示することで、絞られた対象に合った文体に調整することができる。

> カジュアルな文面に修正された。「夏の思い出」「友達と一緒に」といったフレーズやハッシュタグも追加されている。

❗ プロンプトのコツ

ぴったりのハッシュタグを提案!

SNSでは、「#盆踊り」「#ドリンク割引」「#夏の思い出」のような「ハッシュタグ」を使うと検索性が高まり、より多くの人に見てもらうことができます。投稿内容や目的に合ったハッシュタグをChatGPTに提案してもらいましょう。

> Instagramでよく使われるハッシュタグを教えて！

> 投稿内容にぴったり合うハッシュタグを考えて！

45

【文章・コンテンツ制作】

商品説明書の作成をサポートしてもらう

1 情報をまとめさせる

> 代表的なコーヒー豆を5つ挙げて、産地や味わいなどの特徴を表形式でまとめてください。

調べてほしいポイントを具体的に伝えると、求める回答が出力されやすい。ここでは、回答方法を「表形式」と指示している。

ChatGPT：もちろんです。以下は、日本でよく飲まれている代表的なコーヒー豆とその特徴をまとめた表です。

コーヒー豆の種類	産地	味わいの特徴
ブラジル	ブラジル	ナッツ系の風味、チョコレートの甘さ、ほのかな苦味
コロンビア	コロンビア	バランスの取れた酸味と甘味、滑らかな口当たり
マンデリン	インドネシア（スマトラ島）	濃厚で重厚なボディ、スパイシーでほのかな苦味
キリマンジャロ	タンザニア	爽やかな酸味、フルーティーな風味としっかりとしたコク
モカ	エチオピア、イエメン	フルーティーでワインのような酸味、甘みのある香り

テイスティングノートにまとめたいな

情報の正確性を改めて確認しよう

ChatGPTを活用すれば、商品の説明書や社内報告書、営業資料など、さまざまなビジネス文書を効率的に作成できるようになります。

商品の特徴やメリットを簡潔にまとめるだけでなく、数値データや評価を整理して、表や比較結果を視覚的に表現することも可能です。さらに、作成した文書の校正も簡単に行えます。作業時間を短縮しつつ、資料の質も向上できる点が大きなメリットです。

46

PART 2 ChatGPTで仕事を効率化する

2 数値化するよう指示する

> 酸味、苦み、甘さ、ボディ、後味の評価軸で、5種類の豆の味わいを数値化してください。

ChatGPT：以下の表に、各コーヒー豆の「酸味」「苦み」「甘さ」「ボディ（コク）」「後味」を5段階で数値化してまとめました（1が最も弱く、5が最も強い評価です）。

コーヒー豆の種類	酸味	苦み	甘さ	ボディ	後味
ブラジル	2	3	4	3	3
コロンビア	3	2	4	3	3
マンデリン	1	5	2	5	4
キリマンジャロ	4	2	3	3	3
モカ	5	1	3	2	4

説明
- **酸味**：コーヒーの持つ酸味の強さ
- **苦み**：コーヒーの苦みの強さ
- **甘さ**：甘みの感じられる度合い
- **ボディ**：コーヒーのコクや濃厚さの度合い
- **後味**：飲んだ後に口の中に残る味わいの強さ

この評価は一般的な特徴に基づいており、個々の豆の焙煎度合いや抽出方法によっても変わることがあります。

> 味わいの違いが伝わりやすくなるよう、数値化して示すように指示した。ただし、適正な数値かどうかはチェックする必要がある。

> この5は4に変更して……

グラフとかで見やすくしたいわ

グラフ化のサポートも僕に任せて！

> 「Excelファイルで出力して」と伝えるとファイルの作成も可能。無料版ではデータ処理の回数制限があるため、自分で表部分を選択＆コピーしてExcelに貼り付ける方法が手軽でおすすめ。

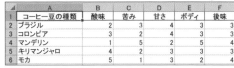

次のページへ

3 グラフ化の指示をする

コーヒー豆5種類の特徴.xlsx
スプレッドシート

> Excelファイルのデータからファイル内にレーダーチャートを作成して出力してください。5段階の評価（酸味、苦みなど）をチャートの値とし、各コーヒー豆の評価を色で区別できるようにしてください。

ここをクリックするとファイルをアップロードできる。

今回はExcelファイルをアップロードして、レーダーチャートを作成してもらうプロンプトを入力。

ChatGPT：レーダーチャートを作成したExcelファイルを用意しました。以下のリンクからダウンロードできます。

レーダーチャート付きのファイルをダウンロード

クリックすると、レーダーチャートが挿入されたExcelファイルをダウンロードすることができた。

	A	B	C	D	E	F
1	評価軸	ブラジル	コロンビア	マンデリン	キリマンジャロ	モカ
2	酸味	2	3	1	4	5
3	苦み	3	2	5	2	1
4	甘さ	4	4	2	3	3
5	ボディ	3	3	5	3	2
6	後味	3	3	4	3	4

コーヒー豆の味わいプロファイル

（レーダーチャート：酸味、苦み、甘さ、ボディ、後味／ブラジル、コロンビア、マンデリン、キリマンジャロ、モカ）

充実したテイスティングノートが作れそう

PART 2　ChatGPTで仕事を効率化する

文章の編集や校正のエキスパート

ChatGPTは、文章の作成はもちろん、要約、リライト、校正、翻訳などを自由自在に行える。箇条書きの整理や文章化といったスタイル変更も可能で、効率的に文章を練り上げるサポートをしてくれる。

英語、スペイン語、ドイツ語、中国語などさまざまな言語でサポートできるよ！

〈翻訳〉

以下の文章を英語に翻訳してください。

〈要約〉

以下の文章を要約してください。

〈校正〉

以下の文章を校正してください。

校正した部分を教えてください。

〈リライト〉

以下の文章に具体例を追加し、500字以上にしてください。

〈箇条書き〉

以下の箇条書きを文章にしてください。

以下の文章をカジュアルなトーンでリライトしてください。

以下の文章を箇条書きにしてください。

> **プロンプトのコツ**
>
> ## 回答の口調をアレンジしてみよう
>
> 「〇〇の口調で」と伝えると、幅広い口調でやりとりできます。難しい話題も、子ども向けの口調なら理解がスムーズ。時代劇風、オタク風、関西弁、酔っ払い風、ビジネス風など、さまざまな言葉遣いを楽しんでみましょう。
>
>
>
> え〜、マジで何か知りたいことある〜？

採用面接の質問を考えてもらう

〔人材管理〕

1 質問リストを考えてもらう

> 喫茶店のアルバイトとして気配りできる人を採用するには、面談で何を聞けばいいですか？

🅖 ChatGPT
気配りのある人を採用するためのアルバイト面接では、候補者の共感力、状況判断能力、柔軟性などを見極めることが重要です。以下のような質問を通じて、候補者の気配りに関する資質を確認することができます。

面接での質問例

1. **過去の経験に関する質問**
   - 「これまでのアルバイトや職務経験で、お客様や同僚に対して特に気を配ったエピソードを教えてください。」
   - 「忙しい状況で他のスタッフが手助けを必要としていたときに、どのように対応しましたか？」

2. **シチュエーショナル質問**
   - 「あるお客様が商品について不満を持っているとき、あなたならどう対応しますか？」
   - 「忙しい時間帯に複数のお客様から同時にリクエストを受けた場合、どのように優先順位をつけて対応しますか？」

3. **共感力を測る質問**
   - 「同僚が困っている様子を見かけた場合、あなたはどのようにサポートしますか？」

：（中略）

職種や役割、どんな人を採用したいかを明確にすると、それにもとづいた質問リストを出力してくれる。

どんどん質問していくよ～

ほしい人材像をはっきりさせよう

採用面接の準備に時間や人手が足りず、適切な質問を考えるのが難しい場合があります。そんなときは、職種や役割に合わせた面接シナリオを設定し、必要なスキルにもとづいて質問を自動生成すれば、効率よく準備が進められます。

たとえば、接客や営業など業種に応じた質問を提案し、採用したい人材像に合わせて調整することも可能。的確な質問を用意できれば、よい人材を採用する手助けになるはずです。

4. **自己評価に関する質問**
   - ○「自分自身の気配りの強みと改善点を教えてください。」
   - ○「周囲の人からどのような点で気配りができていると言われますか？」
5. **柔軟性を確認する質問**
   - ○「突然の予定変更やトラブルに対して、どのように適応していますか？」
   - ○「柔軟に対応するために心がけていることがあれば教えてください。」

面接での観察ポイント
- ●言葉遣いと態度：面接時の候補者の話し方や態度から、気配りの度合いを観察します。
- ●質問への応答の仕方：質問に対して具体的なエピソードを交えながら、誠実に回答しているかを確認します。
- ●相手への配慮：面接中に面接官や他のスタッフへの配慮が見られるかをチェックします。

これらの質問を通じて、候補者が気配りのある性格であるかどうかを判断しやすくなります。候補者の過去の経験や具体的な行動を掘り下げることで、実際の勤務における気配りの姿勢を見極めましょう。

> 質問リストを回答するだけでなく、「面接での観察ポイント」まで解説してくれている。

面接のロールプレイもできる

面接の練習相手として、求職者役で質問に答えたり、会社に対する質問を投げかけたりしてもらうことで、実践的なシミュレーションが可能。一方、就職や転職を希望する場合は、面接官役を務めてもらい、回答の練習やよりよい回答へのフィードバックを受けることもできる。

接客以外の業務にはどのようなものがありますか？

何か質問はありますか？

【人材管理】

表形式のシフト管理表を作ってもらう

前提条件を示して回答精度を高める

前提となる背景や条件があるときは、そのデータを入力することで回答精度を高めることができる。「表形式で」といった回答方法や、希望する知識レベル、文体、トーンなども具体的に示しておくといい。

〈 シフト管理表作成に役立つデータ 〉

（例）

店舗情報
- 営業時間、定休日
- ピークタイム
- 必要なスタッフの数

スタッフ情報
- 各人の名前、役割、スキル
- 勤務可能な時間帯と希望休
- 労働日数や時間の制限

シフト要件
- シフトの時間区分
- 勤務時間に応じた休憩時間の設定
- 夜間や週末勤務時の賃金割増の有無

公平なシフトにしないとね

手間なく表にまとめられる

各自の勤務希望や条件を考慮して公平にシフトを組むのは容易ではありません。変更が出た場合、全体のバランスを見ながらパズルのように調整し直す煩雑さもあります。

じつはこうした調整はAIの得意なところ。必要な情報を提供すれば、それを踏まえて自動的に整ったシフト管理表を生成し、スタッフの勤務日や時間を整理。急な変更にも迅速に対応できるため、効率的にシフトを管理する手助けとなります。

1 必要な基本データを用意する

箇条書きで OKだよ

> 以下の条件に合うように1週間のシフト管理表を作ってください。
> 条件
> ・勤務時間は平日10:00 〜 20:00、土日祝9:00 〜 18:00で、火曜定休
> ・スタッフは最低2名必要で、11:00 〜 14:00は3名必要
> ・スタッフはA、B、C、D、Eの5名
> ・スタッフの希望
>   ースタッフA、Bはすべて勤務可能
>   ースタッフCは水曜日の15:00以降と週末に勤務
>   ースタッフDは平日の10:00から15:00のみ勤務
>   （最大勤務時間は、週に15時間）
>   ースタッフEは金曜日と週末のみ勤務
> ・スタッフA、Bのどちらかが、必ず勤務に入る
> ・6時間ごとに45分の休憩を入れる

適切なシフト表を作成させるには、前提条件となる基本データをできるだけ細かく伝えておくことが重要。

 シフト管理表を以下のように作成しました。

スタッフシフト管理表

曜日	9:00-10:00	10:00-11:00	11:00-12:00	12:00-13:00	13:00-14:00	14:00-15:00	15:00-16:00
月曜日	–	A, B	A, B, D	A, B, D	A, B, D	A, B	A, B
火曜日	定休日	定休日	定休日	定休日	定休日	定休日	定休日
水曜日	–	A, B	A, B, C	A, B, C	A, B, C	A, B	A, B, C
木曜日	–	A, B	A, B, D	A, B, D	A, B, D	A, B	A, B
金曜日	–	A, B	A, B, E	A, B, E	A, B, E	A, B	A, B, E
土曜日	A, B	A, B	A, B, C, E	A, B, C, E	A, B, C, E	A, B, C, E	A, B, C, E
日曜日	A, B	A, B	A, B, C, E	A, B, C, E	A, B, C, E	A, B, C, E	A, B, C, E

出力されたシフト表をもとに、追加の希望や繁忙期などに応じて調整するといい。

ポイント
1. **火曜**日は定休日です。
2. **11:00 〜 14:00**は必ず3名勤務しています。
3. **スタッフD**は平日の10:00から15:00まで勤務（最大15時間）。
4. **スタッフE**は金曜日と週末のみ勤務。
5. **スタッフA**と**スタッフB**のいずれかが必ず勤務。

このシフト表を基に、スタッフの希望や業務の需要に合わせて調整していくことができます。

【人材管理】

接客マニュアルを作成してもらう

1 マニュアル化したい業務を指示する

> アルバイト向けに喫茶店の接客マニュアルを作成してください。

ChatGPT

喫茶店アルバイト接客マニュアル

1. 基本姿勢
- 笑顔で接客：常に笑顔を心がけ、お客様に心地よい雰囲気を提供します。
- 清潔感を保つ：清潔なユニフォームを着用し、身だしなみを整えます。
- 丁寧な言葉遣い：敬語を使い、お客様に丁寧な対応を心がけます。

2. お客様の来店時
- 挨拶：お客様が来店されたら「いらっしゃいませ」と元気に挨拶します。
- 案内：席が空いているか確認し、スムーズにお席に案内します。
   ○「こちらの席はいかがでしょうか？」
   ○「お好きなお席にどうぞ。」

3. 注文の受け方
- メニューの提供：お席にメニューをお渡しし、お時間が必要か伺います。
- おすすめの説明：日替わりメニューやおすすめを紹介します。
- 注文確認：注文を受けたら、復唱して間違いがないか確認します。

：（後略）

> 広く一般的なマニュアルを知りたいときは、事前情報を入力せずに、シンプルな聞き方をすればOK。

"らしいもの"がすぐできたね

何をすればいいかわからなくてもOK

接客マニュアルや求人広告、雇用契約書など、人を雇うときにはさまざまな文書が必要になります。しかし、イチから作成するとなると、何から始めたらよいのか頭を抱えてしまうもの。そんなときは、ChatGPTに文書のたたき台を生成してもらいましょう。それをもとに実情に合わせて調整すれば、効率的にマニュアルや文書を仕上げることができます。時間を節約しながら質の高い成果物にたどり着けるでしょう。

2 情報や条件を追加して掘り下げる

> 「2. お客様の来店時」について、下記の情報を踏まえて、より詳細なマニュアルにしてください。
> ・席数は20席
> 　（カウンター席×6、2席テーブル×6、テラス席×2）
> ・2席テーブルは、5つまでつなげることができる
> 　（1グループ最大10席）
> ・ランチタイムは空席がないように案内したいが、他の時間帯は1人で2席テーブルを利用してOK。くつろいでほしい
> ・テラス席のみペット可
> ・全席禁煙なので、喫煙希望の場合は丁寧にお断りしてほしい

掘り下げたい部分を指示して具体的な情報を追加することで、店舗事情に合ったマニュアルに調整できる。

ChatGPT　以下は、提供された情報を基にした「お客様の来店時」に関するより詳細な接客マニュアルです。

2. お客様の来店時
2-1. 席の配置と特徴
● **席数：**
　○カウンター席：6席
　○2席テーブル：6テーブル（最大10席までつなげることが可能）
　○テラス席：2席（ペット可）

2-2. お客様への案内手順
1. 来店時の挨拶
　○お客様が来店されたら、笑顔で「いらっしゃいませ」と挨拶し、入り口付近でお迎えします。

2. 空席状況の確認
　○お客様の人数に応じて、適切な席を確認します。
　○ランチタイム（通常は12時〜14時）は効率的に席を使用するため、できる限り空席がないように案内します。

3. 案内時の声掛け
　○少人数（1〜2名）のお客様：
　　・ランチタイム以外では、くつろげる2席テーブルをおすすめします。「お好きなお席にどうぞ」とお声掛けし、選択肢を提供します。
　　・ランチタイムには、1名のお客様にはカウンター席を優先して案内します。
　○グループ（3名以上）のお客様：
　　・2席テーブルを必要に応じてつなげ、グループに対応できるようにします。「こちらのテーブルをお使いいただけます」と案内します。

　　　　　　　　　　　　　　　：（後略）

追加情報を踏まえて、指定した部分がより詳細なマニュアルに修正された。説明が足りていないところがあれば、さらに情報を追加して掘り下げていく。

時間帯や人数によってどの席に案内すればいいかわかりやすくなったわ！

データを分析してレポートにまとめてもらう

〔データ分析〕

特定の役割を指定できる

「江戸時代の将軍の飼い犬になりきって、徳川綱吉について解説して」というように役割を割り振ると、その視点や専門性にもとづいた具体的な情報が出力しやすくなる。

〈 職業 〉
(例) コンサルタント、プログラマー、教師、科学者、料理人、旅行ガイド、心理学者など

〈 年齢や立場 〉
(例) 幼児、小学生、若者、高齢者、夫、妻、親、上司、部下、プロ、初心者など

役割の切り口はさまざま！

〈 多彩なキャラクター 〉
(例) フランス人、中国人、関西人、魔法使い、ロボット、勇者、犬、猫、蜂など

〈 時代や空間 〉
(例) 縄文時代、戦国時代、江戸時代、未来、宇宙、地中、海の中など

〈 感情や状態 〉
(例) 喜び、悲しみ、緊張、リラックス、内面の変化など

役割を与えるとなりきってくれる

ChatGPTに特定の役割を与えると、その専門家になりきるため、回答の精度が高まります。たとえば、データサイエンティストとして指定すれば、データ分析にもとづいた具体的なアドバイスを得られます。

また、マーケターとして設定すれば、市場トレンドや顧客のニーズを反映した戦略を提案してくれるでしょう。

役割を設定することで、対話の楽しみが増し、よりクリエイティブな発想につながります。

56

PART 2　ChatGPTで仕事を効率化する

　データをアップロードして分析を指示

📊 **上半期の売上管理表.xlsx**
Spreadsheet

> あなたは<u>優秀なマーケター</u>です。上半期の売上管理表のデータを分析し、わかりやすいレポートにまとめてください。

売上管理表のデータ（ここではExcelデータ）をアップロードし、「優秀なマーケター」という役割を与えて分析を指示する。

 分析とレポート

Chat GPT

1. **売上の全体的な傾向**
   - **カテゴリー別売上**：コーヒーは安定して高い売上を示しており、特に平日売上が高い傾向があります。軽食も売上が好調で、土日祝日にも人気があるようです。
   - **メニュー別売上**：ブレンドコーヒーやカフェラテ、カプチーノが人気で、売上の大部分を占めています。ダージリンティーやアメリカンコーヒーも一定の需要があります。

2. **平日と土日祝日の売上**
   - **平日 vs 土日祝**：全体的に平日の売上が高い傾向があり、特にコーヒー類や軽食で顕著です。一方、土日祝日にはデザートがやや人気があるようです。

3. **月別売上の比較**
   - **1月と2月の比較**：1月の方が若干高い売上を記録していますが、2月も安定した売上を維持しています。特に、紅茶とデザートは2月にわずかに売上が減少していますが、大きな変動は見られません。

　　　　　　　　⋮　（後略）

すぐにレポートができたわ

Column

Word、Excel、PDF、画像ファイルもOK

ChatGPTでは、WordやExcel、PDF、画像などのファイルをアップロード可能。文書やデータの分析、要約など、効率的に情報を活用できます。ただし、無料版では利用回数や対応できる範囲に制限があるため注意が必要です。

アップできる主なファイル形式

- テキストファイル　　　　　　.txt
- ドキュメントファイル　　.docx　.pdf
- スプレッドシート　　　　　.xlsx　.csv
- 画像ファイル　　　　　.jpg　.png　.gif
- メディアファイル　　　　　.mp3　.mp4

57

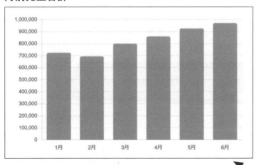

データからグラフを作成し、視覚的に伝わりやすいレポートにまとめてくれている。

3.1 月別売上傾向
上記のグラフは、各月の総売上を示しています。以下は各月の特徴的な売上傾向についての考察です。
- **1月**：売上が高めで、新年の影響か、来店客数が多いと推測されます。
- **2月**：1月と比べると若干売上が減少していますが、バレンタインデーなどのイベントが影響している可能性があります。
- **3月**：売上が再び増加しています。卒業シーズンや春休みなどの影響が考えられます。

（中略）

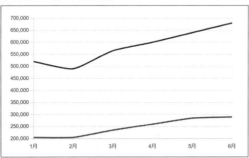

3.3 平日と土日祝の売上パターン
上記のグラフは、各月の平日売上と土日祝売上の推移を示しています。

（後略）

まるで経営コンサルタントに頼んだみたい！

いろいろな分析ができる

売上データや顧客データを読み込ませると、さまざまな分析をしてもらうことができる。経営効率のアップや、データにもとづいた意思決定のために、分析機能を活用してみよう。

売上分析

売上データをもとに、日次・週次・月次の売上傾向や季節による変動を分析。売上のピーク時間や低迷時間、商品の売れ行きなどを把握することができる。

こう使える!
週末に売上が高いと判明したら、週末限定のメニューや特典を提供してさらなる集客を図る。

商品別売上分析

商品ごとの売上データから、人気商品や今いち売れない商品を特定したり、季節による変動を分析したりすることが可能。

こう使える!
売上が低迷しているメニューを入れ替えたり、リニューアルしたりして改善を試みる。

顧客層分析

来店者の年齢、性別、来店時間帯などのデータをもとに、主要な顧客層を分析。結果をもとに、ターゲットを絞ったマーケティングが可能に。

こう使える!
若年層が多い時間帯を特定し、若者向けのキャンペーンやメニューを開発して集客力を高める。

顧客満足度の分析

顧客からのフィードバックやレビューを分析して、改善点や強みを特定することによって、顧客満足度の向上につなげる。

こう使える!
待ち時間への不満が判明したため、スタッフの役割分担を見直し作業しやすい導線に改善する。

他にもいろいろな分析が可能だよ!

- **メニュー分析**
各商品の原価率や調理時間を分析してメニュー構成を見直す。

- **在庫管理のサポート**
過去の販売データから必要な在庫を予測して仕入れを調整する。

- **プロモーションの効果測定**
キャンペーンや割引の効果を分析して次に生かす。

マーケティング

市場トレンドをリサーチしてもらう

効果的な情報収集のコツ

より精度の高い情報や知見を引き出し、ビジネスに役立てるには、質問のしかたを工夫したり、回答の受け取り方に注意を払ったりする必要がある。

❗ 広すぎる質問は避ける

あいまいな質問や、さまざまな回答が可能な広範な質問だと、情報が分散して目的に合った回答が得られにくい。

❗ 信頼性や鮮度をチェック

信頼できる回答か、データが古くないかを自分で確認することが重要。複数の信頼できる情報源を見比べてみよう。

❗ 段階的な質問を重ねても◎

最初に「2024年の飲料トレンド」を聞いてから、「そのなかで健康志向の飲料について詳しく教えて」と深掘りし、より具体的な情報を得る方法もある。

❗ 仮説をもとに質問する

「健康志向の飲料が若者に人気だと仮定すると、どんな要因が影響しているの?」のように仮説をもとに質問すると、見落としていた視点や新しい発見につながることも。

ブラウジング機能で調査力がアップ

「今年、日本の若者が好む飲料トレンドを調べて」のように、テーマや対象年を示すことで、的確な情報が得やすくなります。

「東京の30代女性」のように地域やターゲット層を絞ると、より関連性の高いデータを引き出すことができます。

リアルタイムでインターネット情報を検索する「Webブラウジング」機能を利用すれば、トレンドリサーチ力が向上し、マーケティング戦略に役立つ情報を効率的に取得できます。

60

PART **2** ChatGPTで仕事を効率化する

1 調べたいことを明示する

喫茶店を経営しています。最近注目されているドリンクの特徴や、20～30代の若い人が好むドリンクについてWebブラウジングしながらリサーチしてください。

調べてほしい内容を具体的に伝えるほど、よりテーマに合った情報を得やすい。最新情報を検索してほしいときは、ブラウジングしてと伝える。

🄾 以下は、20～30代の若者に人気のある最近のドリンクトレンドです：
Chat
GPT **1. 健康志向のドリンク：**
　　○**ナチュラルエナジードリンク**：若い世代では、自然なエナジードリンクが注目されています。これらのドリンクは、天然のカフェインやアダプトゲン（例えば、キノコやプロバイオティクス）を含み、従来のエナジードリンクに代わる健康的な選択肢として人気を集めています（Country and Town House）。
　　○**スパークリング飲料**：セルツァー（水やジュースに炭酸を加えた飲み物）やスパークリングウォーターも、健康志向の一環としてますます好まれています。これらの飲み物は低カロリーでありながら満足感が得られるため、特に外出先や運動後に消費されることが増えています（Simon-Kucher）。
2. クラフトドリンクとアート的プレゼンテーション：
　　○**クラフトスピリッツとカクテル**：ユニークで高品質なクラフトスピリッツが人気です。特に、小規模な蒸留所が手掛けるクラフトジンやラム酒などが注目されており、これらを使用したカクテルがトレンドとなっています。また、分
　　　　　　　　　　　　　　　　：

情報元（URL）や出典も合わせて表示されている。URLをクリックすると情報元のウェブサイトを確認できる。

！ プロンプトの コツ

調査する理由も伝える

リサーチの際に「調査理由」を伝えると、より具体的で関連性の高い情報が得られます。視点が明確になることで、重要な情報を特定しやすくなり、集めたデータの解釈も容易になります。求めている回答により早くたどり着けるでしょう。

地元食材を活用したメニューを考えたい。特産品の活用例を調査して

SNSフォロワーを増やしたい。効果的なプロモーションを調査して

61

メニュー開発や商品名の考案を手伝ってもらう

〈マーケティング〉

1 条件に合うアイデア出しを指示

> あなたは優秀なフードコンサルタントです。以下の条件で、新しいドリンクメニューを50個考えたうえで、「コストパフォーマンス」「実現性」「オリジナル性」の観点からとくに秀でているアイデア10個だけを出力してください。
>
> 条件
> ・季節（秋）限定メニュー
> ・販売価格は700円以内
> ・調理時間は7分以内
> ・若い世代向き
> ・健康を意識して
> ・写真映えする見た目

役割を指定することで回答の精度をアップ（P56）。

アイデアを考える条件とアイデア数を指定すると、それに合わせて考えてくれる。

条件は箇条書きでOK

ChatGPT
優れた10個のドリンクメニュー
1. スパイスアップルシナモンティー
　○内容：シナモンで煮たリンゴを使ったハーブティー。
　○特徴：低カロリーでありながら、秋らしい温かみのある味わい。
　○見た目：透明なティーカップに薄切りリンゴを浮かべた華やかさ。

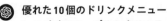

際限なく付き合ってくれる

AIは、人間とは異なり「疲れた」「アイデアが出ない」といったことがないため、何回でもアイデア出しに付き合ってくれます。特定のアイデアにこだわることもないので、客観的に多様な視点からアイデアを生成できます。

また、たくさんのアイデアを生成した後には、点数化や順位付けを行ったり、追加条件を設定して選別したりすることで、最適なアイデアを効率的に絞り込むことも可能です。

62

2. **紫芋と黒糖のスムージー**
   - ○**内容**：紫芋と黒糖を使った濃厚スムージー。
   - ○**特徴**：栄養価が高く、自然な甘さが魅力。
   - ○**見た目**：鮮やかな紫色のスムージーがグラスに映える。
3. **パンプキンスパイス・ラテフラッペ**
   - ○**内容**：かぼちゃピューレとスパイスを使ったフラッペ。
   - ○**特徴**：クリーミーながらもヘルシー、秋を感じるフレーバー。
   - ○**見た目**：ホイップクリームとシナモンパウダーでデコレーション。

：（後略）

2 アイデアを絞り込む

各メニューの「コストパフォーマンス」「実現性」「オリジナル性」をそれぞれ<u>10点満点で評価して合計点を出してください</u>。

 ドリンクメニューの評価
ChatGPT
1. **スパイスアップルシナモンティー**
   - ○**コストパフォーマンス**：9/10
   - ○**実現性**：10/10
   - ○**オリジナル性**：7/10
   - ○**合計点**：26/30
2. **紫芋と黒糖のスムージー**
   - ○**コストパフォーマンス**：8/10
   - ○**実現性**：9/10
   - ○**オリジナル性**：9/10
   - ○**合計点**：26/30

：（後略）

評価基準を設定して点数化を指示すると、客観的な検討がしやすくなる。

次のページへ

こんなアイデアの絞り込みもできるよ

- 提供時間が短いものからランク付けして
- 若い世代にもっとも受けるアイデア3つを教えて
- 失敗するリスクが一番低いアイデアはどれ？

3 アイデアを掘り下げる

> 「紫芋と黒糖のスムージー」をさらに写真映えさせるトッピングや盛り付けのアイデアはありますか?

ChatGPT
トッピングアイデア
1. ホイップクリームと金箔
○スムージーのトップにホイップクリームを絞り、その上に金箔を少量散らすと、豪華で高級感が増します。
2. カリカリ焼き紫芋チップス
○紫芋を薄切りにしてカリカリに焼いたチップスをトッピング。スムージーとの食感のコントラストも楽しめます。
3. ココナッツフレーク
○トロピカルなココナッツフレークを少量散らすことで、白と紫のコントラストが映えます。

： (後略)

> 気になるアイデアについて質問を重ねることで、より具体的で実用的なものにブラッシュアップできる。

アイデアを深めるポイント

質問を重ねてアイデアを深掘りすることで、採用可能な企画に練り上げていく。下のような観点から追加のプロンプトを考えてみよう。

ターゲット層や季節感を強調
若い女性にウケるアレンジを加えて。
秋の季節感を強調する工夫を考えて。

材料や調理法を深掘り
材料の〇〇を差し替えるならどんな食材がある?

コストパフォーマンスや実現性の確認
コストを下げるアイデアはある?

プレゼンテーションの工夫
カップやストローなどで目を引く演出はできる?

PART 2　ChatGPT で仕事を効率化する

 企画書にまとめる

「紫芋と黒糖のスムージー」のアイデアを企画書にまとめてください。

紫芋と黒糖のスムージー企画書

1. 概要
商品名：紫芋と黒糖のスムージー
販売期間：秋限定（9月〜11月）
販売価格：650円（税込）
ターゲット：20〜30代の健康志向の若者、SNS利用者
特徴：栄養豊富な紫芋と自然な甘みを持つ黒糖を使用した、健康的で写真映えするスムージー。シンプルながらも洗練された和風の盛り付けで提供。

2. 商品コンセプト
秋の味覚である紫芋と黒糖を組み合わせたスムージーは、栄養価が高く、自然な甘さが楽しめるヘルシーなドリンクです。和風テイストのシンプルかつ上品なプレゼンテーションを採用し、視覚的にも味覚的にも秋を感じられる一品に仕上げました。特に若い世代をターゲットに、SNSでのシェアを促進するための見た目にもこだわりました。

　　　　　：（後略）

> 概要、商品コンセプトに続いて、材料と調理方法、提供方法とプレゼンテーション、ターゲット層と市場性、プロモーション戦略、予想売上と利益率、今後の展開などが生成された。

 キャッチーな商品名を考案

この企画書をもとに、キャッチーな商品名をいくつか考えてください。

以下のキャッチーな商品名を提案します：

1.「金紫芋の和ラテ」
2.「紫芋の雅スムージー」
3.「金箔仕立ての紫芋ラテ」
4.「紫芋の和風デライト」
5.「金彩紫芋スムージー」
6.「和の紫芋リッチ」
7.「秋色紫芋ラテ」
8.「金彩和スムージー」
9.「紫の雅ラテ」
10.「紫芋の贅沢スムージー」

これらの名前は、和風のテイストと上品さを強調しつつ、キャッチーで覚えやすいものを目指しました。

> キラキラした商品名でうれしいな

マーケティング
集客戦略をブレストしてもらう

1 ブレストのテーマと参加者を示す

「コーヒーの美味しい入れ方講座」を開催するという集客アイデアについて、以下の架空参加者5名になりきってブレストしてください。

A：マーケティング専門家
B：クリエイティブディレクター
C：時間に余裕のある常連客
D：コーヒーに詳しいバリスタ
E：30代主婦のカリスマインスタグラマー

・他者のアイデアにフィードバックを返しながら、活発に議論してください。
・ブレストは5周を目安に続けてください。

> 役割を指定することで回答の精度をアップ（P56）。

> 「全員が3分以内に新しいアイデアを出して」「1分以内に他の参加者のアイデアにフィードバックをして」のように、時間や発言回数の制限を設けると、議論を活性化しやすい。

Chat GPT

●**A（マーケティング専門家）**：「コーヒーの美味しい入れ方講座」はいいですね！でも、ターゲット層をもっと絞ってみませんか？例えば、初心者向けと上級者向けで分けるとか。初回は無料体験にして、その後有料にすると、リピート率も高くなりそうです。

1人でも集団視点のアイデアを出せる

アイデアを広げるためにブレインストーミング（ブレスト）をしたくても、一人では難しいものです。そこで、ChatGPTを活用しましょう。

上のように、ブレストを指示することで、複数の参加者になりきって意見を出したり、設定された役割でディスカッションしたりして、多様な視点を取り入れたアイデアを生成できます。AIによる集団の知恵を借りることで、より豊かなアイデアを考えることができるのです。

「ブレインストーミング」…複数の人が集まって、テーマについてディスカッションして自由にアイデアを出し合う会議の方式。

66

- **B（クリエイティブディレクター）**：それならビジュアル的に映えるコンテンツが欲しいですね。講座の途中で実際にアートラテを作ってみたり、参加者が自分の作品をSNSにシェアできる時間を設けましょう。映えるポイントを強化して、カフェのブランディングにも繋がるはず。
- **C（時間に余裕のある常連客）**：それも面白そうですね。ただ、シンプルに楽しめることが大事です。あまり難しい内容より、家庭でも実践できるような手軽なコーヒー作りのコツを教えてもらえると、私みたいなリピーターも参加しやすいと思います。
- **D（コーヒーに詳しいバリスタ）**：なるほど！確かに。講座の中で、例えば「自宅でできるプロの技」とか、「美味しい豆の選び方」なども含めたら、深くて実践的な内容になって良さそうです。参加者が「自分でできた！」と感じる瞬間を大切にしたいですね。
- **E（30代主婦のカリスマインスタグラマー）**：絶対に映えるコンテンツが必要！ラテアートやハンドドリップはもちろん、写真映えするコーヒーアクセサリーやスイーツも一緒に紹介して、ワークショップ後におしゃれな写真タイムを設けるといいですね。参加者にインスタ映えを狙ってもらいましょう！　　　　　　　　：（後略）

> 架空の参加者同士のディスカッションを通じて、異なる視点や意見、アイデアがどのように展開していくかをたどることができる。

ファシリテーター（進行役）として質問を投げかけよう

> 「AとBのアイデアを組み合わせてみませんか？ ブレストを続けて」と、アイデアの整理や深掘りを促したり、「有望なアイデアを選んで次のステップを考えるためにブレストを続けて」と、議論の進行を管理したりする。

プロンプトのコツ

架空のキャラクターを設定してもらう

目的やテーマを伝えて右のようなプロンプトを入力すると、キャラクターの氏名、年齢、職業、趣味、性格などの基本設定を瞬時に作成してくれます。過去の経験などの背景や具体的な価値観を設定することで、説得力のある独自の意見が出やすくなります。

> 架空のブレスト参加者5名の設定を考えて。

> 参加者の過去の経験や〇〇に対する考え方を教えて。

ペルソナを設定して顧客ニーズを探る

マーケティング

1 顧客ターゲット層を調査する

> 「コーヒーの美味しい入れ方講座」を実現するなら、どんな人に案内すればいいですか？

ChatGPT　「コーヒーの美味しい入れ方講座」は、以下のような方々に案内すると効果的です。

1. コーヒー初心者
- **ターゲット**：自宅でコーヒーを淹れてみたいが、どこから始めれば良いかわからない方。
- **理由**：コーヒーの基礎から学べる講座内容で、シンプルなドリップ方法やエスプレッソの基礎など、初心者でも実践しやすい内容を提供しているため。

2. コーヒー愛好家
- **ターゲット**：すでにコーヒーを楽しんでいるが、さらに美味しく淹れる方法を学びたい方。
- **理由**：家庭でお店の味に近づけるためのコツや、フレーバーコーヒー、デザートコーヒーなどの応用技術も学べるため、コーヒーの楽しみを広げたい愛好家に適している。

3. SNSでのシェアを楽しむ人
- **ターゲット**：見た目の美しいコーヒーや、自分で作ったラテアートをSNSに投稿することに興味がある方。
- **理由**：各回でフォトジェニックなシーンやアングルを意識した内容が含まれており、SNS映えするコンテンツを学べるため。

　　　　　　　　：（後略）

> 目的やテーマを提示して、それに合うと考えられる顧客層を教えてもらう。

> 主婦層から同業者まで幅広いターゲット層が提案された。

架空の顧客像を「ペルソナ」という

「ペルソナ」とは、架空の顧客像を指し、企業やマーケターがターゲット理解のために設定するものです。ChatGPTに市場や顧客層の情報を提供すると、具体的なペルソナの特徴や背景を生成できます。

さらに「このペルソナはどんな商品に興味を持つ？」と質問することで、新商品やマーケティング戦略の検討が可能です。ペルソナを活用することで顧客理解が深まり、顧客目線での意思決定が実現しやすくなります。

68

2 ペルソナ=顧客像を設定する

> 1.コーヒー初心者、4.主婦層、6.常連客の3人のペルソナを具体的に設定してください。

ペルソナ1：コーヒー初心者 – 田中 明（たなか あきら）
- **年齢**：28歳　●**性別**：男性
- **職業**：IT企業のエンジニア
- **家族構成**：一人暮らし
- **居住地**：東京都品川区
- **趣味**：ゲーム、映画鑑賞、週末にカフェ巡り
- **性格**：好奇心旺盛、テクノロジーに詳しいが、料理や手作りには不慣れ
- **コーヒーに対する認識**：普段はコンビニコーヒーやインスタントコーヒーを飲んでいるが、最近カフェで飲むコーヒーの味に感動し、もっとコーヒーを楽しみたいと考えている。器具を揃えるのはハードルが高いと感じているが、まずは手軽に始めたいと思っている。
- **講座への期待**：家庭でも簡単に美味しいコーヒーを淹れる方法を知りたい。専門的な知識はまだないが、初心者でもできるステップから学びたい。

⋮（後略）

> 架空キャラクター（P67）と同じように、ストーリー性を持たせた細かい設定を準備することで、個性的で説得力のある意見につながる。

3 ペルソナに意見を聞く

> 3人に質問します。この講座に求めていること、この講座への不満点があれば教えてください。

1. 田中 明（コーヒー初心者）
●**求めていること：**
- ○「自宅で簡単に美味しいコーヒーが淹れられるようになりたいです。特に、特別な器具を持っていないので、まずは手軽に始められる方法を知りたいですね。これから少しずつ器具を揃えていければと思っています。」
- ○「あまり専門的すぎる内容ではなく、初心者でも理解しやすいステップで進めてもらえると助かります。」

●**不満点：**
- ○「もし講座が難しすぎたり、内容が早すぎるとついていけないかもしれません。自分でもしっかり復習できるように、資料や動画があると嬉しいです。」

⋮（後略）

> 「○○さんは何時頃なら参加しやすいですか？」など、ペルソナにインタビューするように質問を重ねていく。

ペルソナの意見を参考に企画をブラッシュアップできるね

内容を決めてアクションプランを立てる

〔マーケティング〕

1 講座内容をまとめる

以下の条件を取り入れて、「コーヒーの美味しい入れ方講座」全6回分の内容を表形式でまとめてください。

- 「自宅でできるプロの技」のように、実践的で簡単に家庭でまねできるコツを紹介。
- 講座は30分以内で、月1回開催。
- 参加費は、無料またはドリンク1杯分程度の金額に。
- 講座終了後に持ち帰れる特典を付ける。

> 表形式でまとめるように指示。盛り込みたいアイデアや顧客ニーズを箇条書きで伝えている。

ChatGPT: 以下の条件を取り入れて「コーヒーの美味しい入れ方講座」全6回分の内容を表形式でまとめました。

回数	講座タイトル	内容概要	特典	参加費
第1回	ハンドドリップの基本	道具の選び方から、豆の挽き方、湯の注ぎ方までを実践的に紹介。自宅で簡単に再現できるハンドドリップのコツを学ぶ。	自宅用コーヒーフィルター1パック	ドリンク一杯分
第2回	フレンチプレスでのコーヒー作り	フレンチプレスの使い方を丁寧に解説。豆の選び方や抽出時間の調整で味わいが変わることを実演。	フレンチプレス用の粗挽きコーヒー豆	ドリンク一杯分
第3回	ミルクフォームの作り方	自宅でカフェラテやカプチーノが作れる、ミルクフォームの作り方と温度管理のポイントを紹介。	小型ミルクフォーマー(プレゼントもしくは割引券)	ドリンク一杯分
第4回	アイスコーヒーのプロの技	手軽に作れる美味しいアイスコーヒーの抽出法と、季節感を楽しむアレンジレシピを紹介。	オリジナルレシピカード	ドリンク一杯分
第5回	コーヒーのフレーバーを楽しむ	フレーバーコーヒーの選び方や、自宅で楽しむための簡単な香り付けの方法を実演。	フレーバーシロップの小瓶	ドリンク一杯分

：(中略)

この講座内容で、参加者が家庭でプロの技を実践できるようにしつつ、楽しんでもらえる体験が提供できると思います。

何度でもやり直して調整できるよ

PART 2 ChatGPTで仕事を効率化する

2 具体的なシナリオを作成する

> 第1回「ハンドドリップの基礎」講座の詳細な内容と簡単なシナリオをまとめてください。

ChatGPT
講座名：ハンドドリップの基礎
- 所要時間：30分
- 参加費：ドリンク一杯分（または無料）
- 場所：あなたのお店
- 対象者：コーヒー初心者から中級者まで
- 持ち帰り特典：使い捨てコーヒードリッパー

講座シナリオ
1. オープニング（5分）
●挨拶と概要説明
○自己紹介（オーナーであるあなたから挨拶）
○講座の概要と目的を簡単に説明。
○「今日はハンドドリップの基本を学び、ご自宅で美味しいコーヒーを楽しめるようにしましょう。」

⋮（後略）

> 講座の内容、シナリオ、時間配分が示された。参加者の気を引く話題の追加や、想定問答集の用意もできるため、口下手な人も安心。

3 アクションプランを策定する

> 3ヵ月後にこの講座をスタートさせるためのタスクをまとめたアクションプランを立てたいです。流れがわかるよう、<u>タイムライン形式</u>で出力してください。

ChatGPT
アクションプラン：コーヒー講座準備計画

0-1か月目：計画フェーズ（8月下旬-9月中旬）
1. 講座コンセプトと計画の立案
○8月下旬

- 講座の目的・テーマ・ターゲットを明確化。
- 全6回の講座内容を具体的に決定。

- 講座のスケジュール（開催日と時間帯）を確定。
- 予算を見積もり、必要な資金を準備。

2. 講座場所と日時の確定
○9月上旬
- 講座を開催する店舗内スペースの確保。

⋮（後略）

> さらに「チェックリスト形式」を指定すると、各タスクの進捗確認がしやすい形式で出力される。

こう変わる！
- ☑ 講座の目的・テーマ・ターゲットを決定する。
- ☑ 全6回の講座内容を具体的に確定する。

完了済みかどうかがひと目でわかるわ

プチ解説

ChatGPTと人気ツールを連携させよう

 他のアプリやサービスでもChatGPTを使えるよ

「プラグイン」や「拡張機能」というしくみを利用して、普段使っているアプリやサービスにChatGPTを組み込むことができます。

プラグインとはアプリに後から機能を追加するしくみで、ブラウザでは拡張機能などと呼ばれています。

これらは多くの場合、公式のアプリストアなどから簡単にインストールできます。無料で提供されるものも、有料プランが必要なこともあります。

導入の手順は非常にシンプル。たとえば、GmailにChatGPTを組み込む場合、左のような手順ですぐに利用を開始できます。

■ ChatGPTと連携できる主なツール

ツール名	用途	活用例	コスト
Gmail	メール関連	メール文の草案作成や、文章の最適化をサポート。	無料プランあり（一部機能は有料）
Outlook	メール関連	メール文の草案作成や、文章の最適化をサポート。	
Googleカレンダー	スケジュール管理	スケジュール調整や、リマインダーを作成して予定管理をサポート。	
Microsoft Teams	コミュニケーション	会話の要約や質問への応答を自動化して、効率的な情報共有をサポート。	
Slack	コミュニケーション	メッセージへの自動応答や、タスク管理をサポート。	
Zoom	コミュニケーション	会議内容のリアルタイム要約や、質問への応答支援で会議の効率を高める。	
Notion	文書作成	メモの自動作成や、プロジェクト計画をサポート。	
Word	文書作成	ドキュメント内容の要約や文章校正をサポート。	
Excel	データ分析	データ分析の自動化や、最適な関数の提案など。	

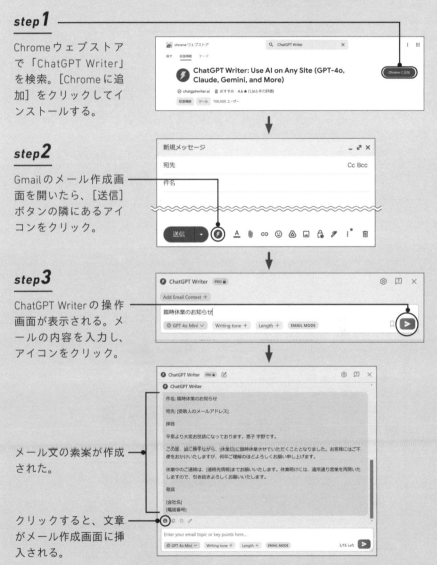

プチ解説

ChatGPTをベースにした「Copilot」で作業効率アップ

OpenAIのGPTがベースになっているよ

　「Copilot（コパイロット）」は、Microsoftが開発したアシスタントアプリで、GTPが使われています。Windows 11に搭載されており、テキストや画像の生成、音声入力、画像送信などの機能が無料で使えます。ブラウザのMicrosoft Edgeでは、下の画像のようにインターネットを検索しながら利用することも可能。自動翻訳やウェブページの要約、検索のサポートなどに活用できます。

　有料のMicrosoft 365サブスクリプションの利用者なら月額3200円の「Copilot Pro」を追加契約することで、WordやExcel、PowerPointなどのOfficeソフト上でより便利にCopilotを使用できます。

ブラウザのMicrosoft Edgeで画面右上のアイコンをクリックすると、右側にCopilotが表示され利用できる。

PART 3

ChatGPTで
快適に生活する

家事のサポートからお金の相談まで、ChatGPTを生かして
毎日の暮らしをもっと快適にしましょう。

「あったら便利」を実現！我が家の救世主

家にある材料を使った献立を考えてもらう

（家事のサポート）

献立相談で伝えたい4ポイント

1 食べる人
「お肉が好きな子ども」「夏バテで食欲がない」「メタボと診断された」など、食べる人の好き嫌いや体調、健康状態を伝えると、それに応じた提案をしてくれる。

2 使う食材
「旬のものを使って」「納豆はNG」のように使用したい食材や苦手な食材を伝えるといい。冷蔵庫内の写真を撮り「ここにある食材で作って」と伝えてもOK。

3 料理のジャンル
和食、中華、エスニックといったジャンルや、味付けの好み（薄味、こっくり味など）を伝えると、希望に沿った献立に近づく。

4 調理時間や品数
「10分で作れる」「2品以上」「洗い物を少なくしたい」といった調理上の希望や、作る料理の品数も伝えておくといい。

毎日頭を悩ませがちな献立の検討にも活用してみましょう。食べる人の年齢や体調、使う食材、調理時間や品数などの要望を伝えると、それにもとづいた献立を考えてくれます。

たとえば、歯がグラグラしている子ども向けには、柔らかく調理されたメニューを提案。ダイエットしたい、健康のために減塩したい、アレルギー食材を避けたいなど、特定のニーズに応じて食材や味付け、調理方法を調整することも可能です。

幼児やお年寄りの食事へのひと工夫も

1 材料や希望する条件を伝える

以下の材料を使って、15分で作れる和風の夕食メニューを2品考えてください。すべて使わなくてもOKです。
- 鶏肉　・ニラ　・卵　・トマト　・たまねぎ

> 使用する食材を箇条書きする。調理時間と品数、料理のジャンルを指定することで、好みに近い献立が提案されやすくなる。

ChatGPT
もちろんです！以下の2品の和風夕食メニューを考えました。どちらも15分以内で作れますよ。

1. 鶏肉とニラの炒め物
材料：
- 鶏肉（適量、食べやすい大きさに切る）
- ニラ（適量、3～4cmに切る）
- たまねぎ（1個、薄切り）
- 醤油、みりん、塩、胡椒（各少々）

作り方：
1. フライパンに油を熱し、たまねぎを炒めてしんなりさせる。

　　　　　：（中略）

2. トマトと卵の和風スープ
材料：
- トマト（2個、ざく切り）
- 卵（2個、溶きほぐす）
- たまねぎ（1/2個、みじん切り）

　　　　　：（後略）

2 不満を伝えて調整してもらう

加熱したトマトは苦手です。トマトと卵の和風スープではなく、トマトを使ったさっぱりしたメニューでお願いします。

> 苦手な点や好みに合わない点と要望を明確に伝えて、代替案を考えてもらう。

ChatGPT
了解しました。加熱したトマトが苦手な場合、さっぱりとしたトマトを使ったメニューを提案しますね。

1. トマトと鶏肉の冷製サラダ
材料：
- トマト（2個、一口大に切る）
- 鶏肉（適量、調理して一口大に切る）
- ニラ（適量、3～4cmに切る）
- たまねぎ（1/2個、薄切り）
- きゅうり（1本、薄切り、オプション）

　　　　　：（後略）

○○を別の食材に変えて。

たんぱく質を増やして。

塩分控えめ＆スパイシーにして。

次のページへ

3 分量と作り方を確認する

鶏肉とニラの炒め物、トマトの冷製サラダにしようと思います。3人分の材料と詳細なレシピを教えてください。

> 献立が決まったら、人数に合わせた分量やレシピの詳細を確認。調味料の分量は好みに応じて加減するといい。

素敵な選択ですね！それでは、3人分の材料と詳細なレシピをお伝えします。

1. 鶏肉とニラの炒め物（3人分）

材料：
- 鶏もも肉：300g（食べやすい大きさに切る）
- ニラ：1束（3〜4cmの長さに切る）
- たまねぎ：1個（薄切り）
- 醤油：大さじ1.5
- みりん：大さじ1
- 塩：少々
- 胡椒：少々
- 油：大さじ1

作り方：
1. フライパンに油を熱し、薄切りにしたたまねぎを入れて中火でしんなりするまで炒める（約2〜3分）。
2. 鶏肉を加え、火が通るまで炒める（約5〜7分）。途中で塩と胡椒で下味をつける。

：（後略）

こんなプロンプトも試してみよう

> 1週間分の朝晩の献立を考え、買い物リストを作成して。

> 簡単に作れる1週間分のダイエットメニューを考えて。

> 以下の材料を使って常備菜5品を作りたい。効率的な段取りを考えて、作業工程を箇条書きにして。

！プロンプトのコツ

名人の料理も再現できる!?

ChatGPTを活用すれば、名人の料理にも挑戦可能。プロのレシピや手順を参考にすることで、自宅で特別な料理を楽しめるかも。料理のコツや味付けのアイデアが得られ、食卓に新しい発見をもたらします。

> メキシコ料理の巨匠として1品考えて。

> 織田信長の料理番として献立を考えて。

PART 3 ChatGPTで快適に生活する

画像をもとに相談できる

料理や食材の画像をアップロードすることで、画像解析を通じた活用が可能。「この料理のカロリーは？」と栄養価を推計させたり、「この料理は何？」と食材や調理法を尋ねたり、「この盛り付けはどう？」と料理の見た目にフィードバックをもらったりと、さまざまなサポートが受けられる。

これはどんな料理ですか？

使われている食材を読み取り、レシピを推定してもらうことができる。似たレシピを提案してもらうことも。

この食材は何で、どう調理すればいい？

販売所などで知らない食材を見かけたら、画像をアップロードしてその正体を尋ねてみよう。調理方法もアドバイスしてもらえる。

この料理のカロリーや栄養成分を推定して。

推測される食材や分量から、カロリーや栄養素の概算を教えてもらえる。ダイエット中や健康上の注意が必要なときに役立つ。

魅力的になる盛り付けの工夫を考えて。

より映える盛り付けのアイデアや食器選びのポイントなどを提案してもらうことができる。

片付けの段取りを提案してもらう

家事のサポート

1 写真をアップして片付けを相談

画像をアップロード（P57）してプロンプトを入力する。スマホアプリ版のChatGPTなら、[＋]→カメラボタンをタップして、そのまま撮影＆アップロードも可能。

コンピュータの「目」で画像を見ているよ

> スッキリしたおしゃれなキッチンにしたいです。どこをどう片付けたらいいか、片付けのスペシャリストとしてアドバイスしてください。

Chat GPT　スッキリしたおしゃれなキッチンにするため、具体的な片付けのアドバイスを箇所ごとにまとめました。

1. カウンター上の物を整理
- **紙類や雑誌**：カウンターの上に積まれている紙類（新聞やパンフレットなど）は、専用のファイルボックスやマガジンラックにまとめるか、収納棚の中にしまいましょう。使わないものは即座に捨ててください。
- **キッチンツールや小物**：調理器具や小物が散乱しているので、使う頻度が少ないものは収納します。調理ツールを1つのツールスタンドにまとめるか、引き出しの中にしまうとスッキリします。

：（後略）

奥に見えるお菓子類やガラス戸の中の食器までよく見てアドバイスしてくれている。

部屋の写真をアップするだけ

片付けで、何から手を付ければいいのかわからないときこそChatGPTの出番。部屋の写真をアップロードすると、画像解析を通じて散らかっている場所や収納の不十分な箇所を見つけ出し、片付けの段取りや具体的な手順を提案してくれます。「床にモノが散らばってしまう」など具体的に相談することで、より適切な改善策が得られます。さらに、掃除のコツも教えてくれるため、片付いた部屋をキープしやすくなるでしょう。

PART 3 ChatGPTで快適に生活する

2 段取りと手順を考えてもらう

> 片付けの段取りを考えて、箇条書きで手順を教えてください。

🅖 片づけの段取りとして、以下の手順を箇条書きでまとめました。

1. 片付けの準備
- 必要な収納ボックスやゴミ袋、掃除道具を準備。
- 作業する場所を確保し、片付けを行う範囲を決める（今回はキッチン全体）。

2. 不要な物の仕分け
- カウンターやシンク周りの物をすべて取り出す。
- **ゴミ袋・収納ボックス**・残す物に分けて仕分け。不要なものや期限切れのものは捨てる。

3. 使用頻度で分類
- 仕分けた物を**使用頻度で3つに分類**（よく使う・時々使う・ほとんど使わない）。
- よく使う物を手元に、時々使う物は収納の中に、ほとんど使わない物はさらに減らすことを検討。

　　　　　　　　：（中略）

7. 掃除とメンテナンス
- 片付けが終わったら、**シンク周りやカウンターを掃除して**スッキリとした状態を保つ。
- 片付けが終わった後も、**週1回のリセットタイム**を設けて、維持できるように習慣化する。

8. 最後の確認
- 見渡して、必要な物がすぐに使えるか、また見た目に統一感があるか確認する。

　　　　　　　　：（後略）

順を追って実行すれば効率よく片付けられるね

片付けの手順だけでなく、スッキリした状態を維持するためのコツまでアドバイスしてくれた。

！ プロンプトのコツ

モダン、カントリー、北欧調…、インテリアの相談もできる

インテリアデザイナーとしても活用可能。部屋の写真をアップして、「この空間に合う色や家具は？」と尋ねると、スタイルや配置のアイデアを提案し、理想の空間作りをサポートしてくれます。

> 統一感を持たせるなら何色がおすすめ？

🅖 このキッチンでは、ホワイト、シルバー、グレーを基調にすると統一感が出ると思います。理由は以下の通りです。
　　　　　　：

83

掃除の分担表を作成してもらう

〔家事のサポート〕

広さや間取りのほか、「20分でできる掃除」「床と洗面所は必須」などの希望を伝えて、掃除スケジュールを考えてもらうといい。

1 掃除スケジュールを提案させる

> 3人家族で、3LDKのマンションに住んでいます。日常の簡単な掃除と、週に一度の徹底掃除のスケジュールを提案してください。

ChatGPT

日常的な簡単な掃除（毎日15〜30分）
- ●月曜日〜金曜日：
  - ○朝：洗面所やキッチンのシンク周りの拭き取り。
  - ○夕方または夜：
    - ・床のクイックルワイパー掛け（リビングやダイニング）。
    - ・食卓やカウンターの拭き掃除。
    - ・トイレの簡単な掃除（トイレ用シートで便器や床を拭く）。
- ●土曜日：
  - ○洗濯物の片付け、クローゼットの整理。
  - ○リビングと寝室の埃取り（家具や家電の上など）。
- ●日曜日：
  - ○お風呂場の排水口や壁の軽い掃除。
  - ○ベランダや玄関の掃除（ほうきで軽く掃く）。

週に一度の徹底掃除（土曜日または日曜日）
- ●全体
  - ○全室の掃除機掛け（床、カーペット、ソファ下）。
  - ○床のモップ掛け（水拭きや専用クリーナーを使用）。

　　　　　　：（後略）

これは家族で分担しなくちゃ…

客観的な割り振りが可能

忙しい日々のなか、「掃除をしたいけれど時間がない」と感じている人は少なくないでしょう。ChatGPTなら、効率的な掃除計画を立てたり、短時間でできる掃除タスクをリストアップしたりすることで、時間を有効活用できます。また、掃除の分担表を作成して家族間の役割を明確にし、負担が偏らないようにすることも可能です。家事の負担を軽減し、快適な空間を維持するために、ぜひ試してみてください。

PART 3 ChatGPTで快適に生活する

2 分担表を作成してもらう

> 父親、母親、息子の3人での分担表を作成してください。父母は朝が、息子は夜が担当しやすいです。

人数や家族の予定、担当する時間帯や掃除場所（内容）の希望を伝えると、より希望に沿った分担表に近づく。

日常的な簡単な掃除分担表

ChatGPT

曜日	朝（父親）	朝（母親）	夜（息子）
月曜日	洗面所の拭き掃除	キッチンシンクの拭き掃除	リビングのクイックルワイパー掛け
火曜日	トイレの便器と床の簡単な掃除	キッチンカウンターの拭き掃除	食卓の拭き掃除
水曜日	洗面所の拭き掃除	キッチンシンクの拭き掃除	リビングのクイックルワイパー掛け
木曜日	トイレの便器と床の簡単な掃除	キッチンカウンターの拭き掃除	食卓の拭き掃除
金曜日	洗面所の拭き掃除	キッチンシンクの拭き掃除	リビングのクイックルワイパー掛け
土曜日	洗濯物の片付け	クローゼットの整理	リビングと寝室の埃取り
日曜日	玄関とベランダの掃除	お風呂の排水口と壁の掃除	バスマットやタオルの洗濯、浴室の簡単掃除

︙（後略）

トイレ掃除は好きだからうれしいな

一度試してから負担や要望を確認して調整していこう

! プロンプトのコツ

汚れ落としのコツを相談

汚れが落ちないときは、素材や汚れの種類を伝えて対処法を聞いてみましょう。重曹や酢など身近なアイテムを使った落とし方や具体的な手順を助言してくれます。
事前にリスクを確認しておくと安心して作業に取り掛かれます。

> ソファについたコーヒーのシミが落ちません。どうしたらいい？

> これらの方法で、色落ちする心配はありませんか？

不用品を売るセールスコピーを作ってもらう

お金のサポート

1 必要な情報を逆質問させる

> 使わなくなった暖房器具が出てきました。フリマアプリに出品したいので、売れやすいセールスコピーを考えてください。よりよい回答のために<u>必要があれば質問してください</u>。

ChatGPT
セールスコピーをさらに効果的にするために、以下の情報を教えていただけますか？
1. 暖房器具の具体的な種類（例：電気ストーブ、オイルヒーターなど）。
2. メーカー名や モデル名。
3. 購入時期や 使用期間。
4. 商品の状態（例：目立つ傷や汚れがあるかどうか）。
5. 付属品（リモコンや取扱説明書など）や 元の箱の有無。
6. 購入価格や 希望販売価格。
7. 特長や機能（例：省エネ機能、タイマー設定など）。

これらの情報を元に、より魅力的で詳細なセールスコピーを作成できます！

…（後略）

> ChatGPT側から、セールスコピーに必要な情報について質問してくれた。

> これに応えればいいんだね！

わからないときは逆に質問してもらう

掃除で出た不用品をフリマアプリで販売すれば、お小遣いを得るチャンスが広がります。セールスコピーには、商品の特徴や状態などの情報が不可欠。ChatGPTに逆質問してもらい、必要な情報を揃えて出品情報を整理しましょう。

また、質の高い写真は購買決定に大きく影響します。「この商品写真は魅力的に見える？」と尋ねてフィードバックをもらい、効果的なセールスコピーを作成してみましょう。

86

2 ChatGPTからの質問に答える

> ○○の電気ストーブです。購入した1年目に使用したけどその後は、生まれた赤ちゃんの安全のために使わなくなりました。状態はいいです。付属品も箱もとってあります。

ChatGPT
タイトル：「○○電気ストーブ ほぼ新品！使用回数少なめ・付属品完備」

説明文：「ほぼ未使用の○○電気ストーブをお譲りします！購入から1年目にわずかに使用しただけで、その後は赤ちゃんの安全のために使用を控えていました。状態は非常に良好で、付属品や元の箱も揃っています。寒い季節に向けて、快適に暖まる電気ストーブをお得な価格で手に入れるチャンスです。

【商品詳細】
- **メーカー**：○○
- **状態**：ほぼ新品、使用回数少なめ
- **付属品**：全て揃っています（箱含む）
- **使用期間**：購入から1年目に使用のみ
- **特徴**：高性能・省エネ設計

　　　　　　　　：（後略）

> それらしいセールスコピーが瞬時に完成した。ただし、間違っていたり、でっち上げたりしていないか、よく確認して調整することが大切。

3 商品写真の改善点を教えてもらう

> アップロードした写真が購入者に魅力的に見えるかどうか、細かくチェックしてください。

ChatGPT
良い点：
1. **明瞭な画像**：ストーブがはっきりと映っており、製品の状態がよくわかります。
2. **コンテキスト**：ストーブが床に置かれており、実際の使用シーンをイメージしやすいです。

改善点：
1. **背景のシンプルさ**：背景はシンプルであるものの、電源コードが見えている点がやや気になります。コードを取り除くか、トリミングしてもっとクリーンな印象にすると良いでしょう。
2. **撮影角度**：わずかに斜めからの撮影は良いですが、別の角度からの写真も追加すると、購入者が製品をより立体的にイメージできるようになります。

　　　　　　　　：（後略）

> 商品写真をアップロードして、より売れやすい写真にブラッシュアップするための具体的なアドバイスを得ることもできる。

細かい所までよく見ているね

バーチャルFPとして家計管理をナビゲート

（お金のサポート）

---

1 支出の分析を依頼する

家計の収入と支出の内訳をもとに、フレームワークを使って支出バランスなどを分析し、改善点や見直しのアドバイスをください。

収入：月額手取り40万円
支出：ローン返済11万円
　　　　　　：（後略）

> 収入、支出、貯蓄・投資の内訳をできるだけ正確に入力することが、適切なアドバイスにつながる。

現在の家計状況をフレームワークに当てはめて分析

Chat GPT

1. 必要経費（50%以内が理想）
ローン返済：11万円

仕送り：5万円	光熱費：2万円
通信費：2万円	保険料：1.2万円
食費：8万円	交通費：2万円

合計：31.2万円（収入の78%）
必要経費が78%を占めており、理想の50%を大きく超えています。ここを減らすことが、家計の安定化につながるでしょう。

2. 自由経費（30%以内が理想）

娯楽費：3万円	その他：5万円

合計：8万円（収入の20%）
自由経費は比較的抑えられており、理想の範囲内に収まっています。

　　　　　　：（後略）

> 固定費と変動費の分析や、エンゲル係数（食費）の分析のほか、過去数ヵ月分のデータからトレンド（傾向）分析をさせることも可能。

家計簿のつけ方から家計管理をお手伝い

ChatGPTに家計管理やお金の悩みを相談する活用法もあります。収入や支出の詳細を入力すると、FP（ファイナンシャルプランナー）のように、個別事例に合わせた分析や改善策のアドバイスを受けられます。

家計管理の知識がなくても、家計簿のつけ方や節約方法をわかりやすい言葉で説明してくれます。ただし、金融商品の選択や専門的なアドバイスには限界があるので、必要に応じて専門家の力も併用しましょう。

PART 3 ChatGPTで快適に生活する

2 節約方法を提案させる

> 食費の節約方法を教えてください。食べることが好きなので、無理のない工夫や、食材の買い方、外食費を抑えるコツをお願いします。

Chat GPT 食べることが好きな方にとっても無理なく取り組める食費の節約方法をいくつか提案します。美味しさを保ちながらも賢く節約する方法です。

1. まとめ買いと計画的な食材選び
週ごとの計画を立てる：週末に食事のプランを立てて、必要な食材をまとめて購入すると無駄遣いを減らせます。計画的な買い物をすることで、必要なものだけを買うように意識できます。
旬の食材を利用：旬の野菜や果物は栄養価が高く、価格も安いので積極的に取り入れましょう。季節ごとに変わる食材を楽しむことで、料理のバリエーションも広がります。

：（後略）

楽しみながら調整できそう！

この他にも、外食費を抑えるコツ、節約レシピ、ふるさと納税の活用法などを提案してくれた。

! プロンプトのコツ

YouTubeを要約し、効率的に情報収集

YouTubeなどの動画の内容を分析し、すぐに要約したテキストを生成できるGPTs（P30）がいくつかあります。長い動画でもポイントを絞って整理してくれるため、効率よく内容を把握できます。

（例）
Video Summarizer
主にYouTube動画の要約を行う。

次の動画の要点を日本語でまとめてください。
[　要約したいWebサイトのURL　]

資産の増やし方をアドバイスしてもらう

お金のサポート

1 資産運用の基本を学ぶ

> 毎月3万円を運用にまわしたいと考えている投資初心者です。資産運用について段階的に教えてください。

ChatGPT 資産運用を初めて行う方が毎月3万円を投資に回す際の段階的なステップを以下に説明します。このプロセスは、資産運用の基礎からスタートし、リスクを抑えつつ、着実に資産を増やすためのアプローチです。

1. 資産運用の目標を明確にする
- 短期、中期、長期の目標を設定します。例えば、将来の旅行資金や老後の資金として資産を貯めたいのか、家の購入資金を蓄えたいのか。目的によって、リスクをどの程度取るか、どんな投資方法を選ぶかが変わってきます。

2. 緊急予備資金の確保
- 投資に取り組む前に、生活費の3〜6ヶ月分を貯金として確保しておくことが重要です。これは、突発的な支出や不測の事態に備えるためであり、投資資金を減らすことなく対応できます。

︙（後略）

> プロンプトに「段階的に」と入れることで、投資の基本を各ステップに分けて説明してくれる。

> 他にも、初心者に向けたリスク許容度の考え方、リスク分散の方法、投資信託、NISAやiDeCoの解説などが紹介された。気になる項目から、順に解説してもらえる。

10年後にどれだけ増えるかシミュレーションもできるよ

投資ビギナーにも丁寧に解説！

投資や運用の基礎知識を学んだり、情報を整理したりするきにも活用しましょう。たとえば、毎月の投資額に応じた資産形成のステップや、NISAや投資信託のしくみをわかりやすく解説してくれます。

さらに、難しい資料の内容を整理して、初心者向けに要点をまとめることも可能です。

ただし、提供されるのは一般的な情報や基礎的なアドバイス。信頼できる情報源と照らし合わせて判断することが重要です。

90

PART **3** ChatGPTで快適に生活する

2 PDF資料を要約してもらう

📄 **目論見書_商品A.pdf**
PDF

📄 **目論見書_商品B.pdf**
PDF

> これは、投資信託の2つの商品（A,B）に関する目論見書です。投資ビギナーがわかるように、違いを説明してください。

金融商品の詳細情報をまとめた目論見書や投資資料は、専門的で理解が難しいことも。資料のPDFをアップロードすると、内容を整理してもらえる。

🤖 Chat GPT

⋮（中略）

1. 投資対象
- **商品A**：「eMAXIS Slim 全世界株式（オール・カントリー）」は、日本を含む先進国および新興国の株式市場全体を対象としています。MSCIオールカントリー・ワールド・インデックスに連動する運用が行われており、世界中の幅広い地域や企業に分散投資しています（目論見書_商品A）。
- **商品B**：「野村世界業種別投資シリーズ」は、世界の特定業種に特化した投資を行うファンドで、たとえば金融、半導体、資源、ヘルスケアなどの業種ごとに投資対象が異なります。各業種に特化した運用が行われるため、特定の分野で高い成長が見込まれる企業の株式に投資しています（目論見書_商品B）。

2. リスクの違い
- **商品A**：世界全体に分散投資するため、リスクが比較的低く、幅広い国や業種に分散されていることで、特定の市場や業種

⋮（後略）

リスクや運用方針、手数料やコストの違いなどを整理して、わかりやすく解説してくれるため、商品の勉強や投資の判断がしやすくなる。

Column

AIが投資の未来を切り開く!?

AIを活用した投資が、将来の可能性を大きく広げています。
「GPT-InvestAR」では企業の年次報告書を解析し、特定の期間で投資額が4倍になる驚異的な試算が報告されています。
また、ChatGPTを使った別の投資戦略でも特定の期間で650%の累積リターンを達成。
これらはまだ研究段階の結果であり、すべての期間で同じ成果が保証されるわけではありません。
慎重なリスク管理や運用は不可欠ですが、夢のある話です。

参考：Gupta, U. (2023)「GPT-InvestAR: Enhancing Stock Investment Strategies through Annual Report Analysis with Large Language Models」、Lopez-Lira, A., Tang, Y. (2023)「Can ChatGPT Forecast Stock Price Movements?」

悩ましいギフト選びを手伝ってもらう

〈生活のサポート〉

1 逆質問してもらう

> ギフト選びを手伝ってほしいです。何から考えたらいいかわからないので、質問してもらえますか？

指示や質問が整理できていないときは、ChatGPTから質問してもらうことで、考えを整理するといい。

ChatGPT
もちろんです！ギフト選びを手伝うために、いくつか質問させてください。
1. ギフトを贈る相手は誰ですか？（例：友人、家族、同僚など）
2. 相手の年齢や性別、趣味や興味について教えてください。
3. ギフトの予算はどのくらいですか？
4. 何か特別なイベントや記念日がありますか？（例：誕生日、結婚祝いなど）
5. ギフトを贈る際に、何か特に気をつけたい点や希望があれば教えてください。

これらの質問を教えていただければ、より具体的な提案ができるかと思います。

︙（後略）

ふむふむ これは回答しやすいな

2 質問に回答して要望を伝える

> ひいおばあちゃんに元気を出してもらうための贈り物をしたい。うつ病っぽくなって毎日つらそうで心配。旅行が大好きな、いつも明るい人でした。

答えられる質問に回答すればOK。箇条書きでも、会話するように返事をしても理解してくれる。

ChatGPT
ひいおばあちゃんが元気を出していただけるような贈り物を考えるのは、とても素敵なアイデアです。昔の旅行の思い出を呼び覚ますようなアイテムや、気分をリフレッシュできる贈り物が良いかもしれませんね。

1. 思い出の旅行写真アルバム
○旅行先で撮った写真や、その時のエピソードを書き添えたアルバムを作成して贈るのはいかがでしょうか。楽しかった思い出を振り返ることができ、気持ちが少し軽くなるかもしれません。

2. 癒しの香りセット
○アロマディフューザーやリラックスできる香りのセットは、心を落ち着かせる効果があります。特に、

︙（後略）

他にバーチャル旅行や風景パズル、手紙などが提案された。

PART 3 ChatGPTで快適に生活する

3 フィードバックしてアイデアを磨く

> 楽しかった旅行の思い出をまとめたアルバムや、とくに好きだった旅行先をテーマにしたものは喜んでもらえそうです。この方向でいくつかの選択肢を出してください。

提示されたアイデアに対して、「この方向性でOK」「少し目先を変えたい」などのフィードバックをすると、よりよい提案が得られる。

🅖 ChatGPT
ひいおばあちゃんのために、楽しかった旅行の思い出をまとめたアルバムや旅行先をテーマにした贈り物の選択肢をいくつか考えてみました：

1. **カスタムアルバム**：ひいおばあちゃんが行った旅行の写真や、旅行先での出来事をまとめたカスタムアルバムを作成します。ページごとに旅行先の情報やメッセージを添えて、思い出を振り返ることができるようにします。
2. **旅行先のテーマに合わせたフォトブック**：特に好きだった旅行先をテーマにしたフォトブックを作成し、その旅行先の景色や食べ物、文化に関するエピソードを交えます。
3. **旅行先のミニギフトセット**：旅行先の特産品やお土産を集めたミニギフトセットを作成します。例えば、特産のスイーツや調味料、地元の香りが楽しめるアイテムなどです。
4. **旅行先の風景を描いたイラストやポスター**：ひいおばあちゃんが特に気に入っていた旅行先の風景を描いたイラストやポスターを作成し、部屋に飾れるようにします。
5. **旅行先をテーマにしたスカーフやブランケット**：旅行先の風景や文化をテーマにしたデザインのスカーフやブランケットを作成し、日常生活で使えるようにします。

︙（後略）

絞れてきたね！

具体的な要望を伝える

ギフト選びを相談するときは、「予算〇〇円で、旅行が好きな人へのギフトを教えて」のように、相手の趣味やライフスタイル、贈る目的、シチュエーション、予算、避けたいものなどを明確に伝えると、具体的な商品やアイデアを提案してくれます。過去に喜ばれたものやその人との思い出話を伝えておくと、より特別なギフトに近づくでしょう。

また、いくつかの選択肢を提示してもらうように伝えると、比較検討しやすくなり、ギフト選びがスムーズになります。

心に響くスピーチ原稿を作ってもらう

生活のサポート

1 スピーチの目的や希望を伝える

> 結婚披露宴でスピーチをします。新郎は<u>リーダータイプで、恋愛には奥手</u>です。<u>ユーモラスで印象的な3分以内のスピーチ</u>を作成してください。

ChatGPT
皆さま、本日はお忙しい中、お集まりいただき誠にありがとうございます。私は新郎○○さんの友人で、○○と申します。まずは、新郎新婦に心からの祝福を贈ります。

さて、○○くんとは長い付き合いですが、彼は昔からリーダーシップがあって、仕事でもプライベートでもみんなを引っ張っていく存在でした。ただ、恋愛に関しては…そのリーダーシップ、どこに隠していたのかと思うくらい、ずっと奥手でした（笑）。

実は、新郎が「彼女ができた」と報告してくれた時、私は本気で驚きました。「あの○○くんが！」と。でも、その後、彼がどれほど一生懸命に新婦さんを大切にし、真剣に向き合っているかを見て、彼の本当のリーダーシップが恋愛でも発揮されたんだな、と感じました。

新郎○○くんは、仕事ではみんなを引っ張り、新婦さんとの関係ではその優しさと誠実さで新婦さんを支えています。まさに理想のパートナーシップですよね。

…（後略）

「感動的に」「ユーモアを交えて」「場を和ませる」のようなトーンや雰囲気、スピーチの長さを指定する。背景情報やエピソードを伝えると、具体的で説得力のある内容に近づく。

導入はお祝いの言葉に変えて、来賓やご親族に失礼がないか見直そう

聞き手に合わせて印象に残る内容に

スピーチを成功させるためには、聞き手の心に響く内容が重要です。ChatGPTにスピーチの目的や希望、伝えたいメッセージを伝えると、原稿の草案を簡単に作成できます。背景情報やエピソードを共有すれば、特定のイベントや聴衆に合ったスピーチが生成されます。

さらに、完成したスピーチ原稿を読み上げてフィードバックを受けることで、内容や話し方を改善し、自信を持ってスピーチに臨むことができるでしょう。

94

PART 3 ChatGPTで快適に生活する

2 原稿や話し方にアドバイスをもらう

> スピーチを調整したので、今から読み上げます。内容や話し方についてフィードバックしてください。
>
> ○○くん、△△さん、このたびはご結婚おめでとうございます。
> ⋮（後略）

スマホアプリ版ChatGPTの音声入力を使えば、スピーチの原稿だけでなく、読み方のフィードバックを提供してもらうことができる。

ChatGPT

内容について
- **全体的な構成**：スピーチは非常にバランスが取れており、友人としての親しみやすさと、来賓や親族への配慮がしっかりとされています。新郎の責任感とリーダーシップ、恋愛における奥手な一面を軽く触れることで、ユーモアを交えつつも尊敬の念を伝えています。また、新婦の魅力を讃える部分も、非常に温かく好感が持てます。
- **流れ**：スムーズな流れで、自然に「乾杯」に繋がっています。内容に問題はなく、このまま進めて問題ありません。

話し方について
- **イントネーション**：冒頭の「○○くん、△△さん、このたびはご結婚おめでとうございます。」では、少しゆっくりめに話し、感謝の気持ちをしっかりと伝えると良いでしょう。
- **間の取り方**：特に「彼のそんなリーダーシップも、恋愛の場面では少し奥手だったのかもしれません（笑）。」の部分で、少し間を置いてから「笑い」を入れることで、ユーモアがより際立ちます。

⋮（後略）

話すスピードや間の取り方、抑揚の付け方を具体的にアドバイスしてくれる。

自信を持って本番に臨んでね！

前向きなフィードバックが特徴です

95

同窓会の幹事役を補佐してもらう

〔生活のサポート〕

1 いつ何をすればいいか聞く

> 同窓会の幹事をすることになりました。<u>幹事役は初めてで、何もわかりません</u>。3ヵ月後の開催に向けて、いつまでに何をすればいいか教えてください。

役割や業務と、それについての自分の知識レベルなどを伝えて、一般的にすべきことや手順、進め方、ポイントなどを解説してもらう。

Chat GPT

3か月前(今からすぐに始める)
1. 日時と場所の決定
○日程を候補として数日選び、参加予定者にアンケートを取ると良いでしょう。
○会場はアクセスが良く、人数に合った場所を予約します。レストラン、ホテル、会議室などを検討してください。
2. 予算の見積もり
○参加者の人数をある程度想定し、会場費、飲食費、その他経費(印刷物、装飾など)を含めた予算を立てます。
○参加費をいくらに設定するか考えます。
3. 連絡リストの作成
○同窓生の連絡先を集め、メールアドレスや電話番号のリストを作ります。

　　　　：(中略)

このスケジュールを参考にして、段取りよく準備を進めてみてください。何か質問や困ったことがあれば、いつでもお知らせください!

3ヵ月前から当日までのスケジュールとタスクを提示してくれた。不明点は「予算の立て方を教えて」などと掘り下げて聞けばOK。

役割や業務の最適解を提案

初めての役割や業務に取り組むときは、何をどうすればよいのか悩むもの。身近な相談相手がいないときこそ、ChatGPTの出番です。慣れない幹事役や新居の購入手続き、イベント企画やプロジェクト管理など、さまざまな場面で具体的なガイドやアドバイスを提示できます。質問への迅速な回答や、複雑な意見の整理も得意で、物事をスムーズに進められるはず。アドバイザーとして、計画から実行まで補佐してもらいましょう。

2 意見の整理・調整を手伝ってもらう

幹事メンバー4人で相談したら、以下のような意見が出ました。意見を整理して、バランスの取れた提案にまとめてください。必要に応じて妥協点や折衷案も示してください。

Aさんの意見
・予算は抑えたいので、リーズナブルな会場を選びたい。
・会場はアクセスのよい場所が望ましい。
・プログラムはシンプルにして、歓談の時間を多めに取りたい。
Bさんの意見
・思い出に残る会にしたいので、プロジェクターを使ったスライドショーを企画したい。
・会場の雰囲気は少し豪華にして、特別感を演出したい。
・当日はプロのカメラマンを手配して、記念写真を撮影するのもよいのではないか。
　　　　　　　　　　︙（後略）

提案が多すぎたり意見が対立したりすると幹事役は大変だよね……

Chat GPT

1. 会場と雰囲気
●折衷案：リーズナブルでアクセスの良い場所を選びつつ、雰囲気を少し豪華に見せるために、装飾や照明に工夫をこらす。
○たとえば、リーズナブルなホテルやレストランの中でも、雰囲気の良い会場を選び、シンプルな装飾で特別感を演出するのも一つの方法です。

2. プログラム内容
●折衷案：プログラムはシンプルにして歓談の時間を多めに取りつつ、思い出作りとしてスライドショーやゲームを取り入れる。
○具体的には、プログラムの最初か最後にスライドショーを行い、歓談の合間に軽いゲームや抽選会を挟む形が良いでしょう。これにより、BさんとCさんの意見を取り入れつつ、AさんやDさんのシンプルさも保てます。

3. 飲食の提供
　　　　　　　　　　︙（後略）

意見や発言が客観的にまとまり、重要なポイントが明確になる。議事録などを要約して意見を整理したり、決定事項・未決事項・今後の課題を明確にしたりする活用方法も。

ペットの健康相談にのってもらう

お悩みサポート

賢く安全に活用するコツ

1 専門家の代わりにはならない

生成AIはあくまで情報提供や助言を行うツールであり、医療診断をしたり、専門家の判断や意見を代替したりするものではない。判断や治療は、必ず専門家に相談する。

2 アドバイスは一般的なもの。参考程度にとどめる

生成AIの回答は、広く一般的なケースにもとづいており、個別の状況を考慮したアドバイスは難しい。最終判断は自分で行うことが重要。

3 緊急時には専門家に依頼する

AIは緊急対応には適さないため、緊急を要する症状や深刻な状態の場合、専門家の判断を仰ぐことを最優先する。

情報提供や助言までが範疇

ペットのちょっとした健康相談を行う際は、状態を具体的に伝えることが非常に重要です。食欲や外見、行動の変化をよく観察し、詳細に説明することで、より適切なアドバイスを得やすくなります。

また、生活環境や習慣の変化、食事内容の変更、季節による影響なども伝えると、相談内容が充実し、役立つ情報を得やすくなります。

ただし、生成AIは医師ではないため、診断や治療には適し

98

PART 3 ChatGPTで快適に生活する

1 症状や環境を詳しく伝える

> 以下は、ここ数日の飼い猫の様子です。どのように対処すればよいですか？
> ・食欲を失っていて、普段よりも少ない量しか食べない。
> ・おやつにも興味を示さず、元気がない。
> ・毛に以前のような光沢がなく、ぼさぼさしている。
> ・1ヵ月前にフードを変えた。
> ・季節の変わり目で、室内温度が上がってきている。

症状や観察して気づいたこと、最近の環境の変化などを箇条書きにして伝える。ペットの年齢や体重、排せつに関する情報を追加すると、より適切なアドバイスに近づく。

ChatGPT
飼い猫の様子について、以下の対処法を試してみてください。

1. フードの見直し
- 1ヵ月前にフードを変更したとのことですが、猫が新しいフードに適応していない可能性があります。以前のフードに戻してみるか、獣医師に相談して消化しやすく、栄養バランスの取れた別のフードを検討してください。

2. 環境の調整
- 季節の変わり目で室温が上がっていることが猫に影響を与えているかもしれません。快適な室温（約20〜25℃）を保ち、猫が涼しい場所でリラックスできるように環境を整えてください。

（中略）

5. 獣医師の診察を受ける
- 食欲不振や毛ヅヤの悪化が続く場合は、健康上の問題が隠れている可能性があります。早めに獣医師の診察を受け、必要な検査や治療を行ってください。

（後略）

専門家に相談するように回答された。

ません。情報の正確性や最新性に限界があるため、あくまで情報収集を目的とし、参考程度に留めましょう。最終的な判断や治療に関しては、必ず専門の獣医師に相談するようにしてください。大切なペットのために、適切なサポートを受けられるよう心がけましょう。

話しにくい悩みを気軽に相談できる

お悩みサポート

1 モヤモヤを吐き出す

> 友達とけんかをしてしまいました。僕は悪くないと思っているけど、仲直りしたいです。なんて声を掛けたらいいと思いますか？

個人情報が含まれないように人物や出来事の詳細はぼかしつつ、問題の本質や相談内容は具体的に説明するといい。

ChatGPT 友達に声をかけるときは、相手の気持ちを尊重しつつ、自分が仲直りしたいという思いを素直に伝えると良いでしょう。例えば、こんなふうに言ってみてはどうでしょうか。

「この前のことだけど、ちゃんと話し合ってお互いの気持ちを理解したいんだ。」
「なんか気まずくなっちゃったけど、また一緒に楽しく過ごしたいな。どう思ってる？」
「お互いに少し冷静になって、ちゃんと話して仲直りしたいと思ってるんだ。」

このように、自分が悪くないと思っていても、相手に対して対話の扉を開くような言葉を使うと、友達も話しやすくなるかもしれません。大事なのは、相手を責めずに、関係を修復したいという気持ちを伝えることです。

親身に答えてくれて頼りになるわ〜

王様の耳はロバの耳

他人には言いづらい悩みや心の内を話したいとき、AI相手なら誰にも知られることなく秘密を打ち明けられます。

AIは感情を持たず、失礼な反応もしないため、安心して自分の気持ちを表現できます。吐き出すことで、頭や心の整理がつき、日常のストレスや悩みを軽減できるでしょう。

一方、AIへの依存も心配です。もし依存が強まっていると感じた場合は、利用を一時的に控えることも検討しましょう。

100

PART **3** ChatGPTで快適に生活する

生成AIに依存しないために

AIに秘密を聞いてもらったり親身に回答してもらったりするうちに、AIに依存してしまう懸念がある。安全に利用するために、下の4つのポイントを覚えておきたい。

複数の視点を取り入れる

AIの回答だけに頼らず、他の情報源や専門家の意見も取り入れる。友人や家族、専門書などの意見も確認し、広い視野で考える。

自分の判断を大切にする

AIの回答はあくまで参考として受け取り、最終的な判断は自分自身で行うことを心がける。AIは助言を提供するツールであると考える。

AIに感情や意図はありません！

使用時間を制限する

「利用時間は1日〇分まで」と決めて、他の活動や趣味にも時間を割く。悩みがあるときは、日記を書いたり散歩したりするのも◎。

AIとのやりとりを振り返る

過去のやりとりを定期的に振り返り、得られた情報や誤りを見直して、過度な依存や期待をしていないかを確認する。

Column

イライザ効果を知っておこう

AIへの依存には「イライザ効果」という心理現象が伴います。これは、AIに対して実際にはない感情や意図を見出し、人間のように感じてしまうことを指します。2023年には、ベルギーで男性がAIチャットボットに過度に依存し、自殺に至る悲劇が報告されました。AIは感情や倫理的判断を持たないため、精神的な支えが必要な場合は専門家に相談し、AIへの依存を避けることが重要です。

101　「**イライザ効果**」…1960年代に開発された初期の会話型プログラム「ELIZA」に由来。単純な反応しかできないものだが、多くのユーザーがELIZAを「理解者」として捉え、自分の悩みを相談しようとした。

PCトラブルやセキュリティの不安を相談

お悩みサポート

パソコンの操作方法やトラブルの対処法、セキュリティの不安などがあるときは、ChatGPTに相談できる。

1 信頼性を確認してもらう

> 次のようなポップアップが表示されていますが、本物でしょうか？
>
> 緊急警告！
> 重要なシステムが破損しています。セキュリティシステムによってシステムが破損していることが検出されました。以下のリンクをクリックして修復してください。
> [今すぐ修復] [無視する]

ウイルス警告やポップアップ広告、ウェブサイトなどの信頼性が不安なときは、文面やウェブサイトのURLをコピー＆ペーストして、ChatGPTに判断を仰ぐことができる。

> **ChatGPT**: そのポップアップは非常に怪しい可能性があります。通常、信頼できるセキュリティソフトやシステムは、ブラウザ内でそのような強制的な警告メッセージを表示することはありません。また、「今すぐ修復」や「リンクをクリック」という誘導も、詐欺の手口でよく使われます。このようなメッセージが表示された場合は、リンクをクリックせず、ブラウザを閉じ、信頼できるセキュリティソフトでスキャンを行うことをお勧めします。

警告内容やリンクの誘導などを一般的な詐欺パターンと照らし合わせて、怪しいかどうか点検している。

パソコンの操作に困ったときも相談してみてね！

対処方法も聞けるんだね

PART3 ChatGPTで快適に生活する

思い出せない作品名を推理してもらう〈お悩みサポート〉

1 覚えている要素を書き出す

> 女の子がアイスクリームを作る絵本のタイトルが思い出せません。雪山で材料を振り回したり転がったりしてアイスが出来上がるシーンがありました。

> **ChatGPT**: その絵本は、もしかすると『ぐるんぱのようちえん』や『アイスクリームのうた』などではないでしょうか？ ただ、描写から察するに、特に「雪山で振り回したり転がしたりしてアイスを作る」という特徴的なシーンがあるため、以下のような関連作品も考えられます
>
> ：（省略）

う〜ん
これじゃ
ないなぁ…

2 段階的に推理してもらう

> それは違います。アイスクリームの作り方を歌う場面がありました。うろ覚えですが「卵とお砂糖ぽとん…」のような歌詞です。

> **ChatGPT**: その絵本は、**片山令子作、柳生まち子絵の『ゆきのひのアイスクリーム』**かもしれません。このお話では、女の子が雪山でアイスクリームを作り、材料を混ぜる際に「卵とお砂糖ぽとんぽとん」といった歌詞を歌います。雪山を転がりながらアイスクリームが完成するシーンが描かれている絵本です。
> もしそれが正しいなら嬉しいですし、違う場合は、さらに情報を提供いただければと思います。

記憶に残るフレーズや登場人物などの関連情報を追加して、推理を深めてもらう。あやふやな内容はそのことを伝えて推理させるといい。

探している絵本は
これかな？

103

プチ解説

ChatGPTと
音声でやりとりしてみよう

音声入力で日々のタスクを効率よく進めよう

ChatGPTの音声入出力機能を使うとキーボードを使わずに音声で質問や指示を出せるため、移動中や手が離せないときに便利です。有料版で使える「Advanced Voice Mode」では、9種類の音声を選ぶことができ、好みに応じたカスタマイズが可能。さらに、バックグラウンドでも会話が続けられるので、アプリを閉じてもやりとりが途切れません。

たとえば、キッチンで調理しながら「クッキーを焼く時間と温度を教えて」と聞くのも、パソコン作業の手を止めずに「選挙の結果は？」と情報収集するのも簡単です。

リアルタイム翻訳を任せても自然な会話が可能で、外国語の会話の練習相手としても優秀。AIとの会話がテキストで記録されるので、後から見返して学習に役立てることもできます。

画面右下の音声マークをタップすると始まる。

話しかけると自動的に返答してくれる。[×]をタップすると音声入力は終了。

会話内容がテキストで表示された入力画面に戻る。

PART 4

ChatGPTで学びや遊びを面白くする

ChatGPTを学習や創作活動、遊びに活用するために押さえておきたいポイントを紹介します。

PART 4 ChatGPTで学びや遊びを面白くする

学びのサポート
レポートの作成を手伝ってもらう

NG! レポート作成を指示する

> 「中小企業の成功」について2000字でレポート全部書いて！市場ニッチとかリーダーシップとか入れて、事例も使ってお願い！

依存度の高い指示で、レポート作成を丸投げしている。

ChatGPT
序論
中小企業は経済において重要な役割を果たしており、特に地域経済の活性化や雇用創出に貢献しています。大企業と比べると規模は小さいものの、その柔軟性や迅速な意思決定能力から、多くの中小企業が成功を収めています。本レポートでは、成功要因として市場ニッチ、経営者のリーダーシップ、コスト管理、イノベーション、顧客との関係性の5つを取り上げ、それぞれについて実際の事例を交えて考察します。

本論
1. 市場ニッチの活用
中小企業は、大企業がカバーしきれない市場の隙間、いわゆる市場ニッチに特化することで成功を収めることがあります。例えば、アウトドア用品メーカーのパ
：（後略）

レポートの構成が整って立派に見えるが、深い洞察や独自性に欠けた浅い内容になりがち。

丸投げだと多くの学びを失ってしまうよ

- 文章構成力
- 主体性
- リサーチスキル
- 分析力
- 批判的思考

AIによる成果を自分の力と錯覚する

生成AIは、レポート作成や仕事のサポートで大いに役立ちますが、頼りすぎると学習の機会が失われる懸念があります。

学生にとって、読書感想文やレポートを書くことは重要な学習プロセス。情報を集め、自分なりの意見をまとめ、論理的に文章を構築する、思考力を鍛える訓練です。それを丸投げしたら自分で考える力が育ちません。

また、学生自身はAIによる成果物を自分の力で作り上げたものだと勘違いしがち。成果物

108

賢い使い分けで学びを深める

AIを使うべき場面と使わないほうがいい場面がわかると、学びを助けるツールとして効果的に使える。AIを上手に活用して、思考力やスキルを伸ばしていきたい。

おすすめの使い方

情報収集のサポート
リサーチの最初に、調べたいテーマの概要や基本情報をすばやく集められる。信頼できる情報と比べて正確性を確認することが重要。

ダミーデータの作成
自分で分析やシミュレーションをするための仮のデータを生成してもらう。

英文レポートのチェック
自分で考えた英作文の文法や表現をフィードバックしてもらうことで、文章のクオリティが向上する。

アイデア出し
考えを整理したりして、発想や視点を広げるヒントを得られる。

避けたい使い方

データ分析
データ分析や統計処理は思考力や分析スキルを鍛える訓練になるため、自分で試行錯誤しながら進める。

論理展開の丸投げ
「考えをまとめ、論理を展開する」ことはレポートの本質。自分で骨組みを作り、自分の言葉で書かないと思考が文章に反映されない。

正確性の確認
生成された情報は不正確なこともあるため、信頼できる他の情報源を調べて自分で裏取りする。引用も元の資料を確認する。

選択肢を増やす方向に活用したい

学びは、自分の未来を広げ、人生をより充実させるためのものです。AIに依存し成長する機会を逃すのは、今後の人生の選択肢を狭める使い方でしょう。

生成AIはあくまでサポートツール。情報収集やアイデア出し、アウトラインの作成などで補助的に活用し、分析や考察、論理の展開、正確性の確認などは自分で行い、学びを深めることが大切です。

が評価されると自分の能力が成長していると誤解して、ますます依存してしまい、思考停止に陥りかねません。

OK! 情報収集をサポートしてもらう

> 「中小企業の成功要因についての考察」というレポートの作成をサポートしてほしいです。飲食業界やサービス業の中小企業が成功するための一般的な要因を教えてください。

> 関心のある業界に限定しつつ、一般的な要因について広く概要を求める質問になっている。

ChatGPT
：（前略）
1. 顧客満足の追求と顧客中心主義
- **顧客サービスの向上**：特にサービス業において、顧客との密接な関係を築き、リピーターを増やすことが成功の鍵となります。例えば、飲食店では接客の質や料理の提供スピードが評価されます。
- **個別化されたサービスの提供**：顧客のニーズに応じたパーソナライズな対応が顧客満足を高め、競争優位性を確保します。

：（後略）

> 飲食業界やサービス業における中小企業の成功要因が多岐にわたって提示された。

> 中小企業の成功要因に関する情報や、飲食業界におけるブランド構築に関する情報を信頼できるソースで確認したいです。おすすめの文献や資料を教えてください。

ChatGPT
1. 中小企業の成功要因に関する文献・資料
『中小企業白書』（中小企業庁）
- **概要**：日本の中小企業に関する最新の統計データ、経営課題、成功事例などが毎年報告されている公式資料です。具体的な成功要因や業界ごとの傾向、今後の戦略を探るのに非常に役立ちます。
- **ポイント**：業種別の動向や政策支援などのデータに基づく詳細な分析が提供されているため、信頼性が高い。
- **入手方法**：中小企業庁の公式ウェブサイト

：（後略）

> 提示された参考文献をもとに自分で調査することで、情報を検証したり、自分ならではの切り口を考えたりできる。

OKだけど、
うのみにしないで
必ず文献や企業資料を
確認しよう！
自分なりの考察も深まるよ

ChatGPTに実際の
成功事例を
教えてもらってもいい？

PART 4　ChatGPTで学びや遊びを面白くする

OK!　ダミーデータの作成を指示する

> ゼミの課題で「新メニューの価格設定」を考察しています。その一環としてカフェの来店記録が必要なので、<u>以下の条件でダミーデータを作成してください。</u>
>
> ・日付、来店時間帯、来店人数、注文内容、購入額、支払い方法のデータ
> ・日付は10月1日～10月30日の1ヵ月間
> ・来店時間帯は、朝、昼、夕方、夜のいずれか
> ・来店人数は1～4人でランダムに設定
> ・注文内容は、コーヒー、モーニング、ランチA、ランチB、スイーツなどランダムに設定
> ・金額は、注文内容に応じて適宜設定
> ・支払い方法は、現金、クレジット、電子マネーのいずれか

データに必要な前提情報を伝えて、ダミーデータの作成を依頼する。名簿や売上表、不動産の物件情報、取引データなどさまざまなダミーデータを作成してもらえる。

ChatGPT

カフェ来店記録

	日付	来店時間帯	来店人数	注文内容
1	2023-10-01	夕方	3	ランチA
2	2023-10-01	朝	2	モーニング
3	2023-10-01	昼	4	ランチA
4	2023-10-01	昼	1	スイーツ
5	2023-10-01	夜	4	ランチB
6	2023-10-01	朝		スイーツ

架空データが偏ることもあるから注意しましょう

あっという間に、表形式で出力された。

Column

仕上げ前のチェックでクオリティUP

レポートチェックをChatGPTに頼むと、文法ミスや誤字脱字の修正、論理の整合性の確認、トーンや表現の調整をサポートしてくれます。さらに、引用や出典の表記方法やフォーマットの統一も確認できます。

ただし、出典の正確性はChatGPTだけでは確認できません。Google Scholarなどの信頼できるデータベースで再確認しましょう。学術リサーチを支援するGPTs（P30）を併用するのも効果的です。

学びのサポート

プレゼン用のスライド資料を練り上げる

1 自作の構成にアドバイスをもらう

以下のプレゼン構成に対してフィードバックをお願いします。担当教授の目線で、構成や見せ方の改善点を指摘してください。

1. タイトルスライド
発表タイトル：『〇〇社のマーケティング戦略分析』
2. 企業概要
〇〇社は、設立が〇〇年で、業界シェアは〇％を占め

︙（後略）

短い構成ならプロンプトに貼り付けて、長い詳細な構成はファイルをアップロード（P57）するほうが効率的。

ChatGPT 改善点と見せ方の提案

1. 企業概要の詳細化とアップデート
- 最新の情報を使用すること：2019年の売上データを使用していますが、これでは現在の市場状況を反映していない可能性があります。…
- 競合分析の追加：企業概要に競合他社の情報を追加し、〇〇社の位置づけを明確にすることで、マーケティング戦略の評価がより効果的になります。…

2. マーケティング戦略（4P分析）の具体化
- 具体例と数値の追加：各4P（Product、Price、Place、Promotion）の説明に具体的な数値データや事例を含めるべきです。例えば、…

︙（後略）

視覚的要素の導入、分析の深掘り、結論の明確化など細かなフィードバックをもらえた。予想される反論や質問を回答させて、対策を整えると完成度が高まる。

新たな視点や改善点を得る補助ツール

学生が課題でプレゼンテーション資料を作るときは、「自分で構成を考えること」が大切です。情報や考えを整理し構成を作った後で生成AIにフィードバックをもらう補助的な使い方が効果的。新たな視点や改善点を得ながら、構成を練り上げていきましょう。

仕事で使う際には、最初からAIに構成案を提案させて効率化を図るのも一法。目的に応じてAIを賢く活用することで、よりよい資料を作成できます。

112

2 スライドにして調整を進める

marketing_strategy_analysis_v2.docx
ドキュメント

> 調整を終えたこの構成をスライドにして、pptxで出力してください。

初心者のうちは、ChatGPTにスライドの土台を作成してもらい、それを自分でカスタマイズすると便利。編集しやすいpptx形式を指定する。

※スライド作成に特化したGPTs（P30）や他のツールを使って、より手軽に質の高いスライドを作ることも可能。

ChatGPT: スライド資料が完成しました。以下のリンクからpptxファイルをダウンロードできます。
ダウンロードリンク：Marketing_Strategy_Analysis.pptx

構成にもとづいたスライドの土台ができた。ファイルをPowerPointで開いて自由に編集できる。スライドに落とし込む手間が省けたぶん、見せ方の工夫に時間を費やせる。

調整したスライドを ChatGPTに 確認させてさらに 磨き上げよう

- 効果的に見せる図やチャート
- より伝わる文章表現
- 洗練されたレイアウトやデザイン

! プロンプトのコツ

プレゼンの聴衆役もできる

ChatGPTに聴衆になりきってもらい、プレゼン後のQ&Aセッションや説明練習をするのも賢い活用方法です。資料の最終確認ができるほか、発表への自信が生まれ、想定外の質問に対処する力を養えます。

> このプレゼン資料とシナリオをもとに、聴衆として質問したり、感想を伝えたりしてください。

音声機能を使って英会話の練習をする

学びのサポート

1 英会話の相手役をリクエスト

[音声入力]
<u>初級レベル</u>の英会話練習をしたいので、相手役をしてください。自己紹介の場面から、ゆっくりと英語で話し始めてください。

会話のテーマやレベル、話すスピードなどを指示することで、自分に合った英会話の練習ができる。

Chat GPT もちろん、ゆっくりと簡単な言葉で話しましょう！まずは挨拶と自己紹介から始めますね。

Me:
Hello! How are you?

：（後略）

〈 リクエスト例 〉

話すスピード
「もっとゆっくり」「ネイティブのように速めに」など。

語彙の難易度
「基本的な単語やフレーズを使って」など。

質問のレベル
「日常的なトピックで質問を増やして」など。

「間違いを指摘してほしい」といった希望も伝えよう

英会話のレベルを指示しよう

ChatGPTは英語学習にも最適なツールで、自分一人でも気軽に英会話の練習ができます。スマホアプリの音声入力機能を活用して、日常会話や場面に応じたロールプレイ、ビジネス英語の練習などを行うと、より実践的なトレーニングになります。

学習者のレベルに合わせて会話の内容やスピードを調整できるため、初心者から上級者まで自分に合ったペースで効果的な英語学習が期待できます。

PART 4　ChatGPTで学びや遊びを面白くする

2 ロールプレイで会話する

[音声入力]
英語で注文する練習をしたいです。あなたはレストランのウェイター役で、私はお客さんをします。最初に注文を聞いてください。自然なスピードで、少し難しい表現を使って構いません。

> シチュエーションや役割分担を指示することで、さまざまな場面での英会話を練習できる。

 Chat GPT

Of course! Let's get started.

"Good evening! Here is your menu. Take your time to look it over, and let me know if you have any questions. What can I get started for you this evening?"

[音声入力]
質問がよくわかりません。どう答えればよいか解説してください。

 Chat GPT

まず、ウェイターが何を聞いているかを理解しましょう。
ウェイターが言ったこと：
"What can I get started for you this evening?"
意味：
「今夜は何からご注文を始めましょうか？」という意味です。つまり、食事の注文を聞いている質問です。「何を注文したいですか？」の少し丁寧でプロフェッショナルな言い方です。
どう答えるか：
ここでの答え方は、自分が食べたいものを伝えることです。英語では次のように答えられます。
英語での例：
"Thank you. Could I start with the house salad, and for my main course, I'd like to have the grilled salmon, please."

> 聞き取れないときや答え方がわからない場合は、英語や日本語で質問すれば、解説や回答例を教えてくれる。

! プロンプトのコツ

世界中の言語にチャレンジ！

ChatGPTは英語以外に、スペイン語、フランス語、ドイツ語、中国語などの主要言語の勉強にも活用できます。単語練習や文法の説明、日常会話の練習ができ、その場でフィードバックをもらえるため、一人ひとりに合わせた学習が可能です。

- スペイン語の簡単な挨拶を練習したい。
- イタリア語でピザを注文する練習をしたい。

115

1 英作文の添削を指示する

> I wrote an essay in English. Please review it and point out any grammar or expression improvements. If there are more natural English expressions, please suggest them as well.
> Here is my text:
> **[Title: My Favorite Sport**
> My favorite sport is baseball. I play baseball every weekend with my friends in the park. I enjoy baseball because it is very fun and exciting. I am not so good at baseball, but I want to practice hard and be good at baseball more. My dream is to be a professional baseball player someday.
> I started baseball when I was 10 years old. At first, I could not hit the ball well, but now I can hit sometimes. I also like to watch baseball games on TV. My favorite player is Shohei Ohtani. He is very famous and good at baseball. I want to be like him in the future.
> ︙

プロンプトを英語で入力することも、英作文の練習になる。日本語でプロンプトを作成し、それを英語に翻訳してもらってから添削を依頼してもいい。

Chat GPT

Your essay is well written and easy to understand! Below are some suggestions to improve grammar, expression, and fluency:

︙（中略）

Suggested Changes:
1. "in the park" → "at the park"
"At the park" is more commonly used to describe location.
2. "I am not so good at baseball" → "I am not very good at it yet"
This phrase sounds more natural and concise.
3. "be good at baseball more" → "get better"
"Get better" is a more natural and fluent way to express improving a skill.

︙（後略）

学びのサポート

英作文の添削をしてもらう

改行や記号を使って原稿部分を明確に区切ろう

まるで24時間対応の家庭教師だね

フィードバックしてもらうことで、文法の改善や語彙力の強化、自然な英語表現の習得などが期待できる。

PART **4** ChatGPTで学びや遊びを面白くする

オリジナルの英単語リストを作ってもらう

学びのサポート

多様なリストに対応

下のような切り口で英単語リストを作成すると、試験対策や会話力の向上など自分の目標に合った英語学習につながる。

レベル別
「TOEIC500点程度」「英検4級レベル」などの難易度やめざすレベルを指定する。

テーマ別
「旅行」「ビジネス」「病院」「動物」などの興味のあるテーマや場面を指定する。

類義語・対義語
効率的に表現の幅を広げるには、類義語や対義語をセットで覚える方法もおすすめ。

品詞別
「形容詞」「副詞」などのカテゴリーを指定する。文法を意識した語彙力アップに。

---

1 クイズ形式で確認する

> 単語を覚えられたかテストしたいので、5つの語彙クイズを作って選択肢を示してください。

クイズ 1

Chat GPT **What does "Cholesterol" refer to?**
A. A type of vitamin
B. A type of fat
C. A type of exercise
D. A type of infection

クイズ 2

⋮（後略）

> 単語リストを作成してから、単語の意味や使い方をクイズ形式で出題してもらうこともできる。

117

学びのサポート
興味を引き出し楽しく学べる環境を作る

苦手な教科や分野、難しい概念・用語について、「子ども向け」「中学生向け」のように指定して解説するよう指示すると、対象年齢にあった具体例を交えて理解をサポートしてくれる。

1 苦手なところをわかりやすく解説

> 月が満ち欠けするしくみが理解できない子ども向けに、わかりやすく面白く解説してください。

ChatGPT:
【月の満ち欠けって何？】
まず、月の満ち欠けとは、夜空に見える月の形が少しずつ変わっていくことだよ。

：（中略）

【面白い例えで説明しよう！】
月の満ち欠けを説明するために、ちょっと面白い例えを使ってみるね！
1. お団子（地球）、お友達（太陽）、そして君（観察者）
想像してみて！君は夜の公園にいて、お友達が懐中電灯を持っている（これが太陽の役割だよ）。君の手にはお団子があって、そのお団子をぐるぐると自分の周りを回しているよ（お団子が月の役割）。
今、懐中電灯の光（太陽の光）が、お団子のどこに当たっているか観察してみてね。
2. 新月（お団子が真っ暗！）
まず、お団子を自分とお友達の間に置いてみて。君から見て、お団子は真っ暗で何も見えないよね？これが「新月」だよ。月に光が当たっているけれど、地球からは見えないんだ。

：

これなら楽しく学べるね

子どもの探究心を育む

子どもが楽しく学べる環境づくりにも活用してみましょう。

たとえば、動物好きな子どもに「ウォンバットはどんなところで暮らしているかな？」と質問すると、地理や気候の話に発展します。子どもが興味を持っている分野から関連する話題へと展開することで、学びの幅を広げてくれます。

さらに、年齢に応じた面白いたとえを用いた解説で、子どもの興味を引き出し、理解を深める手助けもできます。

学習への活用例

学習環境を整える一環として、個々の目標やニーズに応じた学習計画を作成してもらったり、計画のやり直しや調整をサポートしてもらったりすることもできる。効率的に学習を進めるサポート役として活用するといい。強化したい分野を伝えて、ゲーム感覚で楽しめる問題を出してもらうのもおすすめ。

学習計画を提案

学習時間や目標を伝え計画を提案してもらうことで、自主的に学ぶ習慣をサポートできる。

> TOEIC450点を半年で600点にしたいです。毎日1時間勉強するなら、どんなスケジュールがいい？

> 今週は文法の学習が2日できなかった。遅れを取り戻すにはどうスケジュールを調整すればいい？

ゲーム感覚で反復練習

苦手分野や間違えた問題の復習をクイズ形式で行うことで、楽しみながら知識の定着を図ることができる。

> 少数同士のわり算のタイムチャレンジ問題を出して。

> 秋の星座や星について学べるクイズを出して。

> 歴史の年号を楽しく覚える方法を教えて。

Column

"興味のきっかけ"と考えよう

ChatGPTは学びの興味を引き出す手助けができますが、情報源として過信しないことが大切です。たとえば、「信長は女性だった」といったフィクションやトンデモ本をもとに回答が生成されることも……。信頼できる資料と併用し、補助ツールとして活用することをおすすめします。

作品をブラッシュアップしてもらう〈クリエイティブ〉

創作活動を隣でサポート

小説や俳句、ゲームのシナリオ、写真や絵画など、さまざまなジャンルの創作活動を充実させる使い方を試してみましょう。アイデアやプロットを一緒に練ったり、キャラクター設定を考えたりすることで、作品の質を高めるサポートが得られます。画像解析機能を活用して、写真や絵のフィードバックを受けることも可能。構図や色合いに対するアドバイスや作品に合う表現の提案をしてくれる強力なパートナーとして利用できます。

多様なジャンルに対応

小説・脚本
ストーリーの起承転結の提案、キャラクター設定の手助け、文章の推敲などを通じて物語の一貫性や表現力を強化。SF、ファンタジー、ミステリーなどジャンルに応じた提案も。

詩・俳句・短歌
情感やリズムを引き出す言葉選びや、抽象的なイメージを表現する比喩などを提案してくれる。俳句や短歌の形式に合わせた改善点のアドバイスが受けられる。

写真
撮影テーマやコンセプトのアイデア出しのほか、作品をアップロードすれば、構図や視点、光の使い方などの助言も受けられる。タイトルやキャプションの相談もできる。

ゲーム
ゲームのストーリー展開やキャラクター設定を考案し、世界観の構築をサポートしてくれる。キャラクターの背景情報をもとに、服装や武器などを具体化する提案も可能。

PART 4 ChatGPTで学びや遊びを面白くする

1 作品を見せて添削を依頼する

> 「秋の風　落ち葉を運び　影揺れる」
> この俳句を添削してください。テーマは秋の風景です。情景がより鮮明に伝わり、俳句らしい余韻が出るようにアドバイスしてください。

Chat GPT　この俳句は秋の風景を美しく表現していますが、さらに情景が鮮明に伝わり、風情や余韻を強調するための工夫ができます。以下の点に注目すると、より深みが出ると思います。

1.「秋の風」：
「秋の風」は季語として適切ですが、少し直接的です。より情感を表す言葉に変えると、風景が生き生きとしてきます。「秋風」や「野分（のわき）」（秋の激しい風）など、秋らしい風のニュアンスを持った言葉も考えられます。

︙

例としての修正案：
「野分舞い　枯れ葉散らして　影揺るる」
● 「野分舞い」で秋風の力強さを暗示し、風景をより劇的に。
● 「枯れ葉散らして」で風に舞う葉の情景を、より鮮明に。
● 「影揺るる」は余韻を持たせ、しっとりとした秋の情景を残します。
風景の動きと静けさの対比が生まれ、秋らしい物寂しさや美しさが引き立ちます。

> 季語や日本の文化的背景も踏まえて、俳句ならではの言葉選びや形式の確認をサポート。多角的な視点から客観的なフィードバックをもらえる。

2 挿絵の提案を依頼

> この俳句に添えるイラストを描いてください。

イラスト生成についてはP132も参照してね

こちらが俳句に添えるイラストです。静かな秋の風景が描かれており、風に舞う枯れ葉や揺れる影が感じられます。

この画像は、2024年9月にGPT-4oのFreeプランを使用してDALL-Eで生成。

121

クリエイティブ 子どもと一緒に簡単なゲームを作る

1 アイデアを一緒に考えてもらう

子どもと一緒に簡単なタップゲームを作りたいです。ゼロから考えるのは難しいので、<u>いろいろ質問をしてもらいながら、ゲームのアイデアを一緒に作っていきたいです</u>。どんなルールや目標にするか、段階的に質問してもらって、それに答えながらゲームを完成させていきたいです。最終的には、子どもが想像した要素をもとに、ゲームのコードを作ってもらえますか?

> ゲームのルールを段階的に考えていくことで、プログラミング的思考の基礎に触れられる。コードを自分で書かなくても、プログラミングに興味を持つきっかけになる。

ChatGPT
楽しそうなプロジェクトですね!一緒に進めていきましょう。段階的に質問をしながら、ゲームの要素を考えていきます。

1. ゲームのテーマ
まず、ゲームの世界観やテーマを決めるのが良いスタートです。

●**どんな世界やキャラクターが出てくるゲームにしたいですか?**
　○例:動物、宇宙、魔法、車など
　○子どもが好きなものを取り入れるのも良いですね。
どんなテーマがいいでしょうか?

生成AIを活用してなぞなぞやクイズ、ゲームを作ることは、創造力を育む楽しい体験になります。プログラミング的思考(論理的思考)、問題解決能力、コミュニケーション力なども自然に養われるでしょう。

ただし、小さな子どもには大人のサポートが必要です。年齢や理解力に合った使い方ができるかどうかを確認しましょう。インターネットの安全性に配慮しながら、適度な時間で楽しむことも大切です。

アイデアを形にする喜びを味わおう

2 やりとりを重ねて詳細を詰める

> ネコが丸い球を集めるゲームがいいな。

Chat GPT
ネコが丸い球を集めるゲーム、可愛くて楽しいアイデアですね！
3. ゲームのルール
次に、どのようにネコが球を集めるか、基本的なルールを決めていきましょう。
● **プレイヤーはどうやってネコを操作しますか？**
　○タップで動かす？ スワイプで動かす？ または、自動で動くけどタップでジャンプするなどの操作？
どんな操作が良いでしょうか？

質問に答える形で、ゲームのテーマや目標、操作方法、ルール、演出などの要素を決めていく。最初はシンプルなしくみのゲームから始めるといい。

3 コードを出力してもらう

> Windowsパソコンを使ってブラウザ上で動かせるようにコードを出力してください。

Chat GPT
以下がネコが自動で動き、タップすると赤い球を集めるゲームの基本的なコードです。
1. メモ帳を開き、このコードをコピー＆ペーストしてください。

```
html
<!DOCTYPE html>
<html lang="ja">
<head>
    <meta charset="UTF-8">
    <meta name="viewport" content="width=device-width, initial-scale=1.0">
    <title>ネコの球集めゲーム</title>
    <style>
        canvas {
            background-color: lightblue;
            display: block;
            margin: 0 auto;
        }
```

この部分をクリックすると、コードをコピーできる。

2. ファイルを「neko_game.html」という名前で保存します。
3. 保存したファイルをダブルクリックして、ブラウザで開くとゲームが始まります！

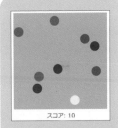

ブラウザで開いたゲーム画面。試しに遊んで、気になるところを相談しながら改良していこう。

旅行プランを提案してもらう
〔エンターテインメント〕

リクエストしたい情報

- ☑ 行き先、日数、予算
- ☑ 旅行の目的
- ☑ 行きたい場所や観光スポット
- ☑ 宿泊の希望
- ☑ 移動手段の希望
- ☑ 食の好み
- ☑ 特別なリクエスト

> 5歳の子を連れて沖縄に3泊4日の旅行を計画中です。家族で楽しめるアクティビティやおすすめスポットを教えて。

> 2泊3日で佐賀県に行きます。車で唐津、伊万里、有田の焼き物の産地を効率的に回る観光ルートを教えて。

「自然が美しい場所で冒険するならどこがいい？」のように選択肢を広げて相談するのも面白いよ

24時間対応の旅行アドバイザー

ChatGPTは、旅行アドバイザーとしても役立ちます。行き先のほかに、観光・リラックス・ショッピングといった目的や、家族旅行・ひとり旅・高齢者・ペット同伴といった旅行者の特徴を伝えると、最適な旅行プランを提案してくれます。

「紅葉が見たい」「雨でも楽しめる」など季節や天候に関する希望も反映可能です。

実際に行かなくても、旅行計画を練るやりとり自体が楽しい体験になるはずです。

1 複数のプラン作成を指示する

> パリに5日間旅行に行きます。天気がよい場合のアウトドア観光プランと、雨天時に楽しめる室内中心のプランの2つを提案してください。

複数のプランを提案させることで選択肢が広がり、自分にとってのベストプランを選べる。

🤖 **【アウトドア観光プラン：天気が良い場合】**
Chat GPT
1日目：エッフェル塔とセーヌ川周辺
- ●エッフェル塔：朝早めに訪れ、パリのシンボルであるエッフェル塔を登り、パリ市内の絶景を楽しみます。エレベーターか階段を使って、途中の展望台からも眺めを楽しめます。
- ●シャン・ド・マルス公園：エッフェル塔のすぐ下に広がる美しい公園で、のんびりピクニックや散策を楽しめます。
- ●セーヌ川クルーズ：夕方にはセーヌ川のクルーズを楽しみ、川沿いの歴史的建造物や橋を眺めます。夜はエッフェル塔のライトアップがクルーズの見どころです。

2日目：ルーヴル美術館とテュイルリー庭園
　　　　　　　：（中略）

【雨天時の室内観光プラン】
1日目：ルーヴル美術館とオランジュリー美術館
- ●ルーヴル美術館：一日かけてゆっくり見て回ることができる世界最大級の美術館。時間をかけて名作を堪能します。
- ●オランジュリー美術館：ルーヴル近くにある小さな美術館で、モネの「睡蓮」をゆっくり鑑賞できます。天気が悪い日でも美術館巡りは快適です。

　　　　　　　：（後略）

予算の異なるプランを比較してコストバランスを検討したり、ゆったりしたプランと観光を詰め込んだプランを比較したりすると、計画がより充実する。

プロンプトのコツ

持ち物リストも即完成！

プランの作成後は、それに合った持ち物リストを提案してもらうことで、旅行の準備がスムーズに進みます。旅行先の気候や活動内容に合わせて調整してもらうことで、必要なものを忘れる心配が減り、効率よく荷造りができます。

> この旅行プランにもとづいた持ち物リストを作ってください。
> 忘れがちな便利アイテムや現地で役立つ持ち物も教えて。

1 メニューの翻訳を指示する

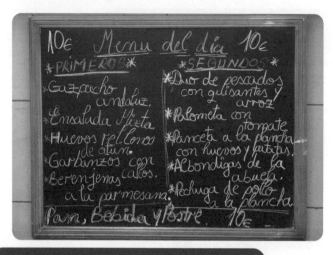

> このメニューを日本語に翻訳してください。

> **ChatGPT** このスペイン語のメニューを日本語に翻訳しました。内容は以下の通りです：
>
> **日替わりメニュー 10€**
> **前菜（Primeros）**
> - ガスパチョ・アンダルシア風
> - 混ぜサラダ
> - ツナ入り卵
> - ひよこ豆と牛もつの煮込み
> - パルメザンチーズ風味のナス
>
> **メイン料理（Segundos）**
> - グリーンピースとご飯を添えた魚の二種盛り
> - トマトソースのバラムツ
> - 豚バラ肉の鉄板焼き、卵とポテト添え
> - おばあちゃんの肉団子
> - 鶏胸肉の鉄板焼き
>
> **パン、飲み物、デザート付き**
>
> このメニューは、スペインの典型的な日替わりセットで、前菜とメイン料理を選べる形になっています。

画像内の文字が認識され、日本語に翻訳された。
メニュー名や金額だけでなく、前菜とメイン料理を選択する必要があることも教えてくれ、スムーズに注文できる。

手書きの文字でもしっかり認識してくれたわ

外国語のメニューを翻訳してもらう　〔エンターテインメント〕

写真：iStock.com/mytrade1

PART 4　ChatGPTで学びや遊びを面白くする

翻訳が役立つ活用アイデア

案内板や解説パネル　観光地の案内板や展示説明などを翻訳し、歴史や現地の文化への理解を深めることができる。撮影禁止ゾーンでは使わない。

地図や標識　地図や街中の標識、公共交通機関の案内板などを翻訳することで、場所や行先の確認ができる。

商品ラベルの翻訳　お土産品などを購入する際に商品の説明を翻訳すると買い物がスムーズ。成分表や使用方法を正しく理解できる。

この遺跡は古代の…

なるほどねー

テキスト翻訳だけに留まらない

翻訳機能は、日常的な場面から専門的な場面まで幅広く活用できます。テキスト、画像、音声などを同時に処理するマルチモーダル機能により、たとえば、外国旅行で案内表示の内容がわからないときに、画像をアップロードして翻訳してもらうことも可能。異国での不便さを軽減し、コミュニケーションツールとしても期待できます。

文脈に応じた自然な翻訳で大まかな内容把握ができますが、精度が求められる専門的な文書の翻訳は、専門家に確認して適切に補完することが大切です。

エンターテインメント
ゴルフの練習プログラムを提案してもらう

1 練習プログラムを提案させる

> 2ヵ月後に社内ゴルフ大会があるため、スコアをのばしたいです。アイアンショットで左右にずれたり、飛距離が伸びないのが悩み。週末にできる練習プログラムを提案してください。

目的や悩み、練習時間などを伝えることで、より自分に合った練習プログラムを提案してもらえる。

ChatGPT:
アイアンショットのスコアを向上させるための練習プログラムを提案します。週末にできる内容で、飛距離や方向性の改善を目指しましょう。

週末の練習プログラム
1日目：基本のチェックと調整
1. スイングチェック（30分）
- 鏡を使ってスイングのフォームを確認。体重移動や腕の位置を意識してみてください。
- スローモーションでスイングを録画し、自己分析やコーチのアドバイスを受けると良いです。

2. 距離感の調整（30分）
- 様々な距離（50ヤード、100ヤード、150ヤードなど）をターゲットにして練習します。クラブごとの距離感を把握しましょう。
- 短い距離からスタートし、徐々に長い距離に挑戦してみてください。

3. ショートゲーム（30分）
- グリーン周りのアプローチやバンカーショットを練習。アイアンショットの精度を高めるためには、ショ

：（後略）

練習量や練習強度を確認して調整しよう

自分専属のコーチ代わりに

スポーツの楽しみを広げる活用法もあります。たとえば、「ゴルフボールがまっすぐ飛ばない」と伝えると、改善のコツや練習方法を提案してくれます。

さらに、ニーズに合わせた自分だけの練習プログラムも作成可能。スコアデータを伝えて継続的に記録・分析させれば、成績の変化や改善点がわかり、やる気もアップします。定期的にプログラムを見直すことで、次の練習に向けてより効果的なアプローチができるでしょう。

スポーツの上達に役立てる

技術指導

特定の技術に関する理論的なアドバイスやフォームの確認方法を質問することで、プレーを見直すためのヒントを得られる。

> アイアンショットでスライスが出る原因と修正方法を教えてください。

トレーニング計画の作成

自分の課題や練習時間などの前提条件を伝えることで、バランスよく技術や体力が向上するトレーニングプランを提案してもらえる。

> ゴルフのスイングパワーを上げるための効果的な筋トレメニューを提案してください。

フィードバック

練習内容やスコアのデータを入力して分析させることで、自分の強みや弱みを把握したり、改善点を見つけたりしやすくなる。

> 以下のゴルフのラウンドデータを分析し、スコア向上のためのアドバイスをください。
> データは以下の通りです：
> ⋮

エンターテインメント
スポーツのルールを解説してもらう

1 ルールの疑問を質問する

[音声入力]
車いすラグビーではドリブルをしてもいいの？

Chat GPT はい、車いすラグビーではドリブルをしても大丈夫です。実際、選手はボールを保持し続けるためにドリブルをする必要があります。

車いすラグビーでは、10秒ごとにドリブルかパスをする必要があり、これを守らないと「トラベリング」という反則になります。ドリブルはバスケットボールのように地面に一度ボールをつく動作で、これを行うことでボールを保持し続けることができます。

つまり、選手はボールを持った状態でドリブルをするか、他の選手にパスをして攻撃を続けるという選択が求められます。このドリブルルールは車いすラグビー独自のもので、選手がボールを持ったままコート上を長く走り続けることを防ぎ、試合の流れを保つ役割を果たしています。

⋮（後略）

対話するように聞けばOK。スマホアプリの音声入力を使うと、観戦しながら質問できる。

ルールの詳細な解説が即座に出力された。反則の種類や理由、ポジションの役割、戦術などについても解説を求めることができる。

解説者のすぐ隣で観戦しているみたい！スポーツ観戦が盛り上がるよ

ニーズに合わせた回答に

「初心者向けにゼロからわかりやすく解説して」「戦術的な観点から説明して」のように、解説のレベルをカスタマイズできる。

展開を想像して対話を楽しむ

「次はチームBのコーナーキック！ どうなるかな？」と簡単に状況を伝えて試合の展開や次のプレーを予測してもらうと、臨場感あふれる観戦体験に。

130

PART 4 ChatGPTで学びや遊びを面白くする

映画、本、音楽をナビゲートしてもらう〔エンターテインメント〕

1 好みを伝えて、ナビゲートを依頼する

> 『ハリー・ポッター』のように、魔法の世界が舞台のファンタジー小説を教えてください。

 Chat GPT 魔法の世界が舞台のファンタジー小説は、壮大な冒険や神秘的な魔法が魅力ですよね。以下に、いくつかの魔法をテーマにしたファンタジー小説をご紹介します。『ハリー・ポッター』に似た要素や、独自の魔法世界を持つ作品も多いので、楽しめると思います。

1.『エラゴン』(クリストファー・パオリーニ)
- **あらすじ**: 主人公エラゴンは、偶然見つけたドラゴンの卵を通じて、古代のドラゴンライダーとなり、邪悪な帝国との戦いに巻き込まれます。魔法とドラゴンが物語の重要な要素となっており、冒険と成長の物語です。
- **特徴**: ドラゴン、古代の魔法、英雄の旅という要素が好きな方にはピッタリ。

2.『ナルニア国物語』(C.S.ルイス)

（後略）

> 過去に楽しんだ映画、本、音楽などを伝えると、似た作品を案内してもらえる。

> SF、時代物、ジャズといったジャンルや、「疲れに効く音楽」「長旅に合う小説」「ローマ時代に関する映画」などの要望を伝えるのもおすすめ。

> 「この映画で描かれているメッセージは何？」と質問して作品の理解を深めたり、「最後は生きてると思うけど、どう思う？」と感想を共有したりするのも楽しい。

> プチ解説

ラフスケッチから
精巧な画像を作り出せる

絵のスキルがなくても、イラストが描ける!

　画像生成AIは、テキストを入力するだけで新しい画像を作り出す技術です。絵を描くのが苦手でも、頭のなかのイメージをプロのような作品で表現することができ、創作を楽しめます。

　いくつかある画像生成AIツールのなかでも、ChatGPT上で簡単に使えるのが「DALL-E」。OpenAIの画像生成AIで、プロンプトに「〜を描いて」と入力するだけで、高品質な画像がその場で生成されます（下の画像）。また、生成画像の商用利用を考えるなら「Adobe Firefly」が安心です。著作権フリーの素材やAdobe Stockのライセンス付きコンテンツを使って学習されており、広告や商品デザインなどで著作権侵害のリスクを避けられるでしょう。

ツリーの下で賛美歌を歌うシーンを描いて

リアル、アニメ風、抽象的などのスタイルや雰囲気、構図、色などの詳細を追加すると、より求めるイメージに近づく。

手描きしたイメージ画をアップロードして、具体的な要望を説明する。

無料版のChatGPTでは、画像生成回数に制限がある（有料版では制限が緩和される）。

PART 5

ChatGPTの基本を知ろう

AIやChatGPTの基本を知って、
AIとの賢い付き合い方を考えていきましょう。

AI（人工知能）とは？

人間のような知的活動をまねる技術

> **AI**
> （Artificial Intelligence：人工知能）
>
> 人間の「認識」「推論」「問題解決」といった知的作業を模倣する技術のこと。アメリカの計算機科学者であるジョン・マッカーシーが1956年の「ダートマス会議」で使用したのが最初とされている。

以前は「知的な機械」という名前もあったんだ

人間っぽく見えても人間とは異なる

AIは驚くべき速さで私たちの日常に浸透しています。スマートスピーカーが音楽を再生したり、家電製品が自動で最適な設定を提案したりするのもAIの力。医療や金融、ビジネス、教育などさまざまな分野でAIが活用されています。

AIは膨大なデータを分析し、そこからパターンを見つけ、問題解決や予測を行います。チェスや将棋で人間に勝つAIもその一例です。しかしAIには意識や感情はなく、すべてデータにもとづいた計算を行っているだけ。人間とは異なります。

今あるAIはすべて「弱いAI」

こうしたAIは特定のタスクに特化したもので「弱いAI」（特化型AI、ANI）と呼ばれます。総合的な知的能力、意志、感情を備えた、人間に置き換わる「強いAI」（汎用型AI、AGI）はまだ実現していません。そもそも明確な知能の定義がないことから、今のAIをAIと呼ばない人もいます。本書では弱いAIを指してAIという言葉を使用しています。

「ANI、AGI」…ANIは、Artificial Narrow Intelligence の頭文字で、ナローAIとも呼ばれる（特定のタスクに特化した弱いAI）。AGIは、Artificial General Intelligence の頭文字で、汎用人工知能を指す（複合的な問題を処理できる強いAI）。

強いAIと弱いAIの違い

強いAI（汎用型AI）

● 人間の脳と同じように総合的な判断が行える

人間の知能と同等かそれ以上の機能を持ち、意識や感情といった精神活動も備えている。

具体例

HAL9000（『2001年宇宙の旅』1968年）
スカイネット（『ターミネーター』1984年）
エヴァ（『エクス・マキナ』2015年）
アトム（『鉄腕アトム』光文社）

弱いAI（特化型AI）

● 特定の分野に特化し、特定の場面で力を発揮する

将棋、文章生成、自動運転など一部に特化した機能を持ち、特定のシチュエーションで活躍する。

具体例

AlphaGo（囲碁AI）
Amazon Echo , Alexa（スマートアシスタント）
ChatGPT（対話型AI）

● 弱いAIは、AIじゃない!?

人間のような汎用的な知能を持たない「弱いAI」を、「真のAIではない」と主張する人もいる。近い将来、弱いAI同士がつながることで、より広範なタスクがこなせる「中くらいのAI」が誕生する可能性がある。

AI（人工知能）とは？
AIは三度のブームで進化してきた

知能とは一体何かまだよくわかっていないのです

チューリングテスト

機械が人間っぽく見えるかどうかを判定するテスト。1950年にイギリスの数学者アラン・チューリングが提案した。会話の形を評価するため、知能や思考力を測定することはできない。

ブームが去っても毎回よみがえる

「AI（人工知能）」という言葉が提唱された1956年から現在までの約70年間に、3回のAIブームが起きています。

第1次ブームは1960年代。機械が人間的かどうかを測る「チューリングテスト」が話題になり、推論や探索の研究に期待が寄せられましたが、技術が追い付かず、関心は薄れていきました。

1980年代の第2次ブームでは「エキスパートシステム」が開発され、経営判断や初期の医療診断に利用されました。しかし、専門知識の整備が必要で柔軟性にも欠けたため、ブームは定着しませんでした。

現在まで続く！？第3次ブーム

2000年代に入って情報社会が急速に発展するとともに、第3次ブーム※が始まりました。とくに、膨大なデータを扱う「機械学習」や「ディープラーニング」が注目され、画像認識や音声認識など多様な分野での応用が進んでいます。

今後も進化し、生活やビジネスに革新をもたらすでしょう。

※第3次ブームが現在まで続いているという見方が一般的だが、冬の時代を経ずに、第4次ブーム（生成AI、マルチモーダル）が始まったという主張もある。

PART 5　ChatGPTの基本を知ろう

AIの進化の歴史

1950年　チューリングテストが提案される

1956年　ダートマス会議で「人工知能」の言葉が使われる

第1次ブーム〈1960年代〉
コンピュータに「推論」や「探索」を効率的に行わせる研究が進められた。迷路の出口を探したり、チェスを指したりできるようになったが、まだ人とは勝負にならなかった。

1966年　人間との会話を模倣するプログラム「ELIZA」が開発される
（現在のチャットボットのご先祖様）

1974年頃　医療分野のエキスパートシステム「MYCIN」が完成
（感染症の知識を持ち、診断や治療を支援）

第2次ブーム〈1980年代〉
専門家の知識をルール化し、それを使って問題を解決する「エキスパートシステム」の研究が進められた。医療診断や工業分野での利用が進んだが、膨大なルールの作成や、複雑なシステム管理が難しかった。

この薬を提案します

1997年　チェスAI「Deep Blue」が世界王者に勝利

2006年　ディープラーニングが注目を集める

2016年　囲碁AI「AlphaGo」が世界王者に勝利

第3次ブーム〈2000年代〜〉
「機械学習」や「ディープラーニング」の登場によって、大量のデータをもとに自分で学習する技術が発達した。音声認識やチャットボット、自動運転など、幅広い分野で実用化が進められている。

Alexaは第3次ブームで生まれたよ

137

AI（人工知能）とは？
「機械学習」を繰り返して賢くなった

コンピュータの記憶容量や計算速度の向上もAIの進化を後押ししています

ビッグデータ

インターネットやスマートフォン、センサーなどから日々取得される膨大な量のデータのこと。こうしたデータ社会とビッグデータを活用する技術の進化が、第3次AIブームの躍進を支えている。

AIの第3次ブームを支える中心的な技術には「機械学習」があります。

これまでのAIは、人があらかじめ決めたルールにもとづいて動くシステムが主流でしたが、機械学習は大量のデータから自動的に学習するという点が大きな特徴です。これにより、以前の手法では難しかった複雑なパターン認識や未来予測が可能となり、画像や音声の認識、文章の理解など、多くの分野で大きな進歩が見られるようになりました。

学習プロセスの一部が自動化された

人間がルールを与えなくてもいい

機械学習には、大きく分けて3つの手法があります。

1つはデータと正解を使って学ぶ「教師あり学習」、もう1つはデータだけを使ってパターンを見つける「教師なし学習」、そして試行錯誤を通じて最適な行動を学ぶ「強化学習」です。

それぞれの手法が異なる特徴と強みを持ち、これらを組み合わせることで、複雑で多様な現実の問題に対応できる効果的なモデルが作られています。

機械学習の3つの手法

教師あり学習、教師なし学習、強化学習という3つの主要な手法について、それぞれの特徴や役に立つ場面を紹介する。

機械学習

● 教師あり学習

正解か不正解かの答えがわかっているデータで、お手本を見せて学習させる方法。たとえば、猫や犬の写真を見せて「猫」「犬」という言葉（ラベル）を添えて教える。次に別の画像を見せられたときに、猫か犬か当てるように訓練していく。

役立つ場面
画像認識、音声認識、スパムメールの分類など

● 教師なし学習

正解がわからないデータ（ラベルなしデータ）を使い、お手本なしで学習させる方法。たとえば、いろいろな色、形のブロックを大量に与え、自分で似た特徴を捉えて「同じ色」「同じ形」などのパターンやグループを見つけていく。

役立つ場面
顧客のグループ分け、データ分析、異常検知など

● 強化学習

目的に向けて試行錯誤させて最適な行動を学習させる方法。自転車の練習でいえば、転ぶと負のフィードバック、バランスを保って進むと正のフィードバックが残る。同じ失敗をしないように調整しながら繰り返して乗れるようになっていく。

役立つ場面
自動運転、ゲームプレイ、ロボットの動作制御など

教師あり学習、教師なし学習、強化学習、それぞれの手法を組み合わせることで、より精度の高いモデルを育てることができる。

AI（人工知能）とは？
「ディープラーニング」で能力が急上昇

脳の神経細胞を再現するなんてびっくり！

人工ニューロン

人間の脳にあるニューロンという神経細胞の働きをコンピュータ上で再現したもの。複数の入力（数値）を受け取り、条件に応じた計算をして、次の人工ニューロンへ出力する。

人間の脳のしくみをまねている

機械学習の一種で、AIの性能を格段に向上させたのが「ディープラーニング（深層学習）」です。人間の脳はたくさんの「ニューロン（神経細胞）」がつながってネットワークを作り、情報を伝えたり処理したりしています。このしくみをまねたものが、人工ニューロンをつなぎ合わせた「ニューラルネットワーク」。入力層→中間層→出力層とデータを変換して伝えることで情報を処理します。
4層以上のニューラルネットワークを使って行う学習をディープラーニングといいます。

画像や言語の細かな識別ができる

従来の人工知能開発では、猫と犬を見分ける際に、「耳の形」「毛の色」などの注目点を人間が教える必要がありました。
しかし、ディープラーニングでは大量の画像を読み込ませるだけで、注目すべき特徴を自分で見つけます。「猫（犬）にはこのような特徴が多い」と、人間が気づかない細かな特徴まで発見し、より正確に見分けることが可能になったのです。

ディープラーニングのしくみ

下のような猫の画像を例に、ディープラーニングがニューラルネットワークを使ってどのようにして「これは猫だ」と判断していくのか、そのしくみを見ていこう。

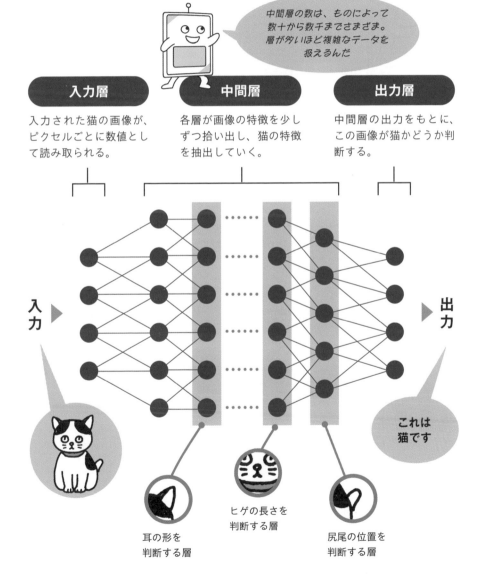

生成AIとChatGPT

文章や画像、音声、動画を作り出す

自然言語処理
(Natural Language Processing：NLP)

コンピュータに自然言語（人間が使う言葉）を処理させる技術。言語理解、生成、機械翻訳、音声認識などの要素があり、音声アシスタントや検索エンジン、文書の自動要約などで広く使われている。

プログラミング言語は「人工言語」と呼ばれるんだ

ディープラーニングによってとくに「画像認識」と「自然言語処理」の分野で、AIは劇的な進歩を遂げました。

画像に関しては、画像解析能力が向上し生成能力に結びついたことで、2020年代にはお絵描きAIが急速に進化。これにより、高精度な画像生成が可能になり、絵が苦手な人でも手軽にビジュアルコンテンツを生成できるようになりました。

言語面での進化は、ChatGPTが代表例です。決められ

お絵描きAIが進化した

たルールに従った応答ではなく、その場で新しい回答を生成するため、文脈に合った自然な対話が可能になりました。

このように、プロンプト（質問や指示）に応じて文章や画像を生成するAIを「生成AI（Generative AI）」と呼びます。

コンテンツ作成をサポートする生成AIは、マーケティングや教育、創作活動など多くの分野での応用が期待される一方、学習データのもとになるクリエイターの権利保護が重要です。

クリエイターの権利を守る

出力形式はさまざま

分類	特徴	例
文章生成AI	質問の意図や文脈を踏まえて、テキストを生成するAI。記事やメール文などの作成、文章の校正、要約、アイデア出し、翻訳、チャットボットなどで活用される。	• ChatGPT (OpenAI) • Claude (Anthropic)
画像生成AI	「こんな絵を描いて」などの指示に応じて画像を生成するAI。イラストやポスターの作成、キャラクターデザイン、アイデアの可視化などに活用される。	• DALL-E (OpenAI) • MidJourney (MidJourney, Inc.) • Stable Diffusion (Stability AI)
音声生成AI	話し声、ナレーション、歌などの音声データを自動で生成するAI。音声アシスタントやカスタマーサービスの自動応答、音楽制作のサポートなどに活用される。	• VALL-E (Microsoft) • Amazon Polly (Amazon Web Services) • Voicemod (Voicemod S.L.)
音楽生成AI	新しい楽曲や効果音を自動的に生成するAI。映画やゲーム、ポッドキャストのBGMの作成、個人的な創作などで活用される。	• OpenAI's MuseNet (OpenAI) • AIVA (AIVA Technologies) • Amper Music (Amper Music, Inc.)
動画生成AI	テキスト指示に応じて、動画を生成するAI。動画広告の作成、バーチャルキャラクターやアバターの生成、映像作品の自動編集、映像解析などで活用される。	• Runway (Runway AI, Inc.) • Sora (OpenAI) • DeepBrain AI (DeepBrain AI)
3Dモデル生成AI	テキストや画像などをもとに3Dオブジェクトや空間を生成するAI。建築設計やインテリアデザインの3Dモデル、AR/VRコンテンツの生成や編集に活用。	• Point-E (OpenAI) • NVIDIA Omniverse (NVIDIA)

これらが連携しているものもたくさんあるよ

[（例）リアルタイム翻訳アプリ
日本語を聞き取る「音声認識AI」
＋
日本語→英語にする「翻訳AI」
＋
英語の音声に変換する「音声生成AI」]

生成AIとChatGPT

ユーザーも一緒にAIを育てていく

ちょっと難しくなってきたな……

大規模言語モデル
（Large Language Models：LLM）

膨大なテキストデータを学習した巨大な言語モデルのこと。文脈を追って、自然な文章を生成できるため、翻訳や要約、質問応答などの自然言語処理タスクで広く利用されている。

対話できるけれど「理解」はしていない

ChatGPTは「GPT」という大規模言語モデルを利用しています。こうした言語モデルはさまざまなアプリに活用され、コンピュータと人間のコミュニケーションの架け橋となります。

あまりに人間らしい応答をするため、AIに「気持ち」があると感じたり、こちらの気持ちや考えを「理解」していると錯覚したりすることもあるでしょう。しかし実際には、膨大なデータをもとに次に来る言葉を確

率的に予測し、文章を組み立てるシステムにすぎません。

しくみをわかって利用したい

ChatGPTは、もっともらしい答えを返しますが、必ずしも正確ではなく、ときには事実と異なる情報や論理的に矛盾した答えを返すこともあります。

言葉は人間の生活に深く根ざしているため、巧みに言葉を操る生成AIが何でもこなせるように見えるかもしれません。しかし、その応答はパターンにもとづいた予測に過ぎないことを理解して利用したいものです。

144

ChatGPTによる文章生成イメージ

ChatGPTのような大規模言語モデルは、たとえば下の例文のように、次に来る単語の確率を予測し、それにもとづいて文章を生成している。

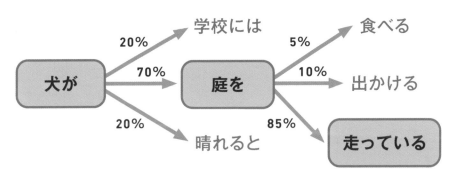

たとえば「犬」「が」と入力されたときに、それに続く言葉として出現する確率の高い単語を次々と出力することで文章を生成している。

もっともらしいけど
正しいとは限りません

Column

同じ質問でも、答えは毎回異なる

ChatGPTや多くの生成AIでは、同じ質問に対して同じ答えを出し続けないよう、入力に乱数を加えて出力にバラつきを持たせる工夫が施されています。本来なら選ばれにくい確率の単語がランダムに選ばれることで、毎回少しずつ異なるニュアンスで、多様で自然な会話ができるのです。

乱数の影響を
調整できる
生成AIもある

ChatGPTが育つプロセス

1 データセットの準備

モデルに学習させる（喰わせる）ための多様なテキストデータを集める。データの質がモデルの性能に直結するため、質の高いデータセットを使用する。

2 モデルの訓練

データセットを学習させてモデルを訓練する。

3 ファインチューニング

モデルが不適切な内容を出力しないよう、人間が評価・調整する。

4 ChatGPTとして提供

最適化したモデル（GPT）をユーザーが使える形（チャットボットであるChatGPT）にして公開。

5 ユーザーフィードバックで改善

ユーザーからの評価やフィードバックを収集・学習させてモデルの改善に役立てる。

思い通りに育てるのは難しい？

生成AIの性能は、学習に使われるデータセットの質に左右されます。誤りや偏りのあるデータは、差別的な発言や偏見、著作権侵害のリスクを生むため、事後学習として人間の評価を取り入れ、たとえば、人種や性別によるバイアスを防ぎ公平な応答を生成させる「アライメント」や、特定の事象に詳しくさせる「ファインチューニング」などの調整が行われています。

また、アプリ公開後も、ユーザーのフィードバックを学習材料として、モデルの改善が続けられています。

146

PART **5** ChatGPT の基本を知ろう

ChatGPT だけじゃない！
代表的な生成 AI モデルとアプリケーション

Gemini
(Google)

https://ai.google/
言語モデル：Gemini

- 2023 年 12 月に Google から発表された生成 AI モデル。
- AI チャットボットの「Google Bard」が Gemini に名称変更された。
- マルチモーダル機能を持ち、テキストだけでなく、画像、音声、動画などさまざまな形式の情報を処理できる。

Claude
(Anthropic)

https://www.anthropic.com/
言語モデル：Claude

- OpenAI の元社員が設立した企業で開発された文章生成 AI。
- 長文の処理や複雑な対話が可能で、ビジネスドキュメントの要約や分析に強み。
- Python・JavaScript・Java・PHP・Swift などさまざまなプログラミング言語に対応している。

Llama 2 Chatbot
(Meta：旧 Facebook)

https://ai.meta.com/llama/
言語モデル：Llama

- 2023 年 7 月に Meta 社が発表した大規模言語モデルを利用した Web サービス。
- カスタマイズや商用利用が可能で、さまざまなアプリケーションに応用できる。
- 乱数 (ランダム性) や文章の長さを調整できる。

DeepL Write
(DeepL GmbH)

https://www.deepl.com/write
言語モデル：DeepL 独自のニューラルネットワークモデル

- 文章校正と改善を支援する文章作成アシスタントツール。
- 自然で洗練された文章への改善を提案し、多言語に対応。
- プライバシー保護に配慮し、データは安全に処理される。

147

生成AIとの付き合い方

「わからなさ」とうまく向き合っていく

Wikipediaも学習に使われたみたいだよ

> **データセット**
>
> 機械学習モデルを訓練したり評価したりするために使用されるデータの集合。GPTシリーズの具体的なデータセットは非公開だが、一般的に、Webテキスト、書籍、雑誌、論文など幅広いデータが使われている。

AIの思考回路はわからない

ChatGPTのような生成AIは素晴らしい技術ですが、その判断過程はブラックボックス性が強く、「わからなさ」を伴います。

内部構造が非常に複雑で、使用されるデータセットやアルゴリズムが公開されていないため、AIがどのように結論に至ったのか、またその結論がなぜ正しいのかを人間が理解することは難しいのです。

仮に公開されたとしても、規模の膨大さと複雑性により、検証するのは困難でしょう。

ファクトチェックを欠かさない

ブラックボックスであるがゆえに、AIが生成した情報が誤っていたり、偏見にもとづいていたりする可能性も捨て切れません。そのため、AIが生成するコンテンツや出力結果を鵜呑みにしないで、常に裏を取る姿勢が重要です。

書籍や学術論文、専門家の意見、公式データベースなど、複数の信頼できるソースから情報を集めて、正確性を確認するようにしましょう。

148

生成過程はブラックボックス

入力されたデータをAIがどのように判断して出力を生成したのかは、推測することしかできない。不正確な情報の拡散や、偏見や差別の再生産をしないために、出力の正確性や公正さを確認する必要がある。

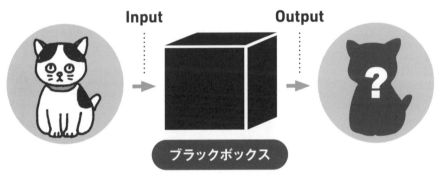

Column

人間は面倒事を外部化してきた

人間は歴史的に、面倒な作業を外部化してきました。移動は車や電車、計算は電卓やコンピュータに任せ、今では「思考」の一部をAIに頼る時代になってきています。生成AIは、人間が考える負担を減らし、複雑な情報処理や意思決定を代行します。しかし、その結果を盲信せず、常にAIの出力を疑い、裏を取る姿勢が大切です。

得意なことを生かしてAIと協働していく

生成AIとの付き合い方

2000年代初めに紹介された概念なんだって

コ・クリエーション

異なる専門性を持つ人々が協力し合い、新たな価値やアイデアを共に創り出すプロセスのこと。ビジネスだけでなく、教育やアート、社会サービスなど多様な領域での協働プロセスを指す。

人間の負担を減らす

生成AIが私たちの生活や仕事を変える期待がある一方で、AIに仕事を奪われる不安を抱く人もいるでしょう。生成AIをプラスに活用するには、人間とAIの得意分野を理解し、AIを補完的に利用することが重要です。たとえば、悪質なクレーム対応のような精神的に負担が大きい仕事をAIに任せることで、人間はより生産的な業務に集中できます。これにより、仕事の質が向上し、従業員のストレスも軽減されるでしょう。

AIと共に新しい価値を創る

マーケティングの分野では、AIが膨大なデータを分析し、その結果をもとに人間がキャンペーンを考案する使い方ができます。教育現場でも、AIが個別学習を支援し、教師が生徒の感情や理解度を把握することで効果的な指導が可能になります。

このような協働は、人間とAIが共に新しい価値を生み出す「コ・クリエーション」と呼べるでしょう。AIと前向きに共存して、よりよい未来を築いていくことを期待しています。

人間とAIの違い

人間が得意な仕事

感性、共感、創造性、倫理的な判断などが求められるタスクは、人間が得意とする分野。接客やコミュニケーション、教育、医療、アート、カウンセリング、複雑な意思決定など。

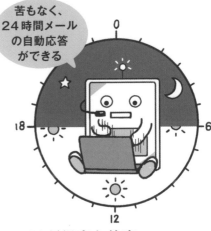

苦もなく、24時間メールの自動応答ができる

AIが得意な仕事

大量のデータ処理や分析、繰り返し作業の自動化など、ミスのない迅速な処理が求められる場面はAIに任せる。
自動運転や画像診断、クレーム対応、標準的な文章生成など。

革新的な発明は人間にしかできない

協働する仕事

AIが人間のパートナーとして支援をすることで、人間の可能性を引き出し、新たな価値を生むこともできる。創作活動を支援して完成度を高める、医師の診断をサポートして判断精度を上げるなど。

AIのデザイン案を人間がカスタマイズして仕上げる

生成AIとの付き合い方

AIに責任を求めることはできない

トロッコ（トロリー）問題

トロッコ問題は、倫理的ジレンマを考えるための思考実験。一例は、制御を失ったトロッコが進む先にいる5人の犠牲を見過ごすか、進路を切り替えて分岐先の1人を犠牲にするかを問うもの。判断や選択の難しさを考えるために使われる。

倫理観のある人間でも解答を見出せない

AIの進化に伴い、意思決定をAIに任せる流れが出てきています。技術の普及が面倒を省いて生活を楽にする一方で、何かあったときの責任はどうするのか考える必要があります。

たとえば、自動運転車が事故を起こした場合、責任はAI、利用者、運用者、開発者のどこにあるでしょうか。そもそもAIは無生物で、鞭で叩いても堪えず、消去されても悲しく感じません。罰する意味がないため、できるのは再学習や、次に事故

AIに罰を与える意味はない

が起こらないようにパラメータを調整するくらいです。

それでも多くの場合、AIに任せたほうが人間の判断よりも安全な結果をもたらすでしょう。

ただ、先に述べたように責任の所在は複雑。トロッコ問題や橋問題のように正解のない倫理的な課題も多く存在し、簡単には解決できません。AIの導入が進むなかで、責任の所在や倫理的な判断についての議論を深め、社会全体でのルール作りを進めていく必要があるでしょう。

ルールを決めていくのは人間

152

答えのない問題をどうするか？

橋問題

選択肢①
できるだけブレーキをかけて減速して衝突する（子どもたちの死傷が予想される）

選択肢②
急ハンドルを切って自動運転車を橋から落とす（子どもたちは助かるが、自動運転車の運転手は亡くなる）

……「自動運転車がオーナーを死に追いやる」「過失のない自動運転車側が落ちる」という問題提起も出てくる。

対向一車線の橋の上で、自動運転車の正面に、子どもたちをたくさん乗せたスクールバス（対向車）がはみ出してくる。どちらの選択肢を選んでも犠牲が避けられない状況で、「正解」は見つからない。

Column

哲学、経済、法律……。学び、考えることをやめない

自動運転車の例に限らず、これから人間は、結論の出ていない倫理的な問題や価値観をAIに実装しなければなりません。それには哲学を学ぶことが不可欠です。社会システムを改善し、不利益を被らないためには、政治や経済、法律の知識も重要。AIについても、学び続けることが求められます。

面倒でも学び、考えていかなくちゃ

2045年にAIが人間を超えるって本当？

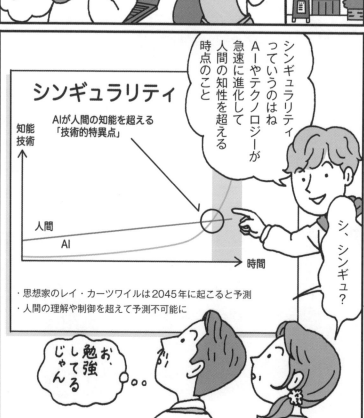

PART 5 ChatGPTの基本を知ろう

索引

あ
- アカウント — 24
- アクションプラン — 70
- アライメント — 146
- イライザ効果 — 101
- 英会話 — 114
- 英作文 — 116
- エキスパートシステム — 136
- 音声入力 — 27、104

か
- 拡張機能 — 72
- 家計管理 — 88
- カスタムGPT — 30
- カスタム指示 — 40
- 画像生成AI — 142
- 画像解析能力 — 132
- 画像認識 — 142
- 片付けの段取り — 82
- 幹事 — 96
- 機械学習 — 138
- 強化学習 — 138
- 教師あり学習 — 138
- 教師なし学習 — 138
- 健康相談 — 98
- 言語モデル — 28、147
- コ・クリエーション — 150
- 個人情報 — 22
- 献立相談 — 78

さ
- 再生成 — 27
- 資産運用 — 90
- 自然言語処理 — 142
- シフト管理表 — 52
- 商品説明書 — 46
- シンギュラリティ — 154
- 人工ニューロン — 140
- スピーチ原稿 — 94
- スマホアプリ版 — 27
- 生成AI — 142
- セールスコピー — 86
- 接客マニュアル — 54
- 設定画面 — 40
- 創作活動 — 120
- 掃除の分担表 — 84

た
- 大規模言語モデル — 144
- 対話型AI — 11
- チャットの履歴 — 26
- チャットボット — 18
- チャットルーム — 25
- チャットを共有 — 26
- チューリングテスト — 136
- 著作権 — 23
- 強いAI — 134
- ディープラーニング — 140
- データセット — 148
- データ分析 — 56
- 特化型AI — 135
- トレンドリサーチ — 60
- トロッコ（トロリー）問題 — 152

な
- 日本語 — 23
- ニューラルネットワーク — 140
- ニューロン — 140
- 年齢制限 — 40

は
- パーソナライズ — 40
- ハルシネーション — 22、38
- 汎用型AI — 135
- ビッグデータ — 138
- 評価ボタン — 27
- ファインチューニング — 146
- プライバシー — 22

アルファベット

項目	ページ
AI	134
AIの進化の歴史	137
AIへの依存	100
ChatGPT	11
ChatGPT Enterprise	29
ChatGPT Plus	28
ChatGPT Team	29
ChatGPTの画面	25
ChatGPTの特徴	20
Claude	147
DALL-E	132
DeepL Write	147
Gemini	147
GPT	11
GPT-3.5	11
GPT-4	11
GPT-4o	11
GPT-4o mini	11
GPT-4o with canvas	11、32
GPTs	30
Llama 2 Chatbot	147
LLM	144
Microsoft Copilot	74
NLP	142
o1	11
o1-mini	11
OpenAI	11
SNS	44
Webブラウジング	12

ま
- 無料版 28
- 翻訳 126
- ボイスモード 27
- ペルソナ 68
- 文章生成AI 49
- 文章の編集 143
- プロンプト 39
- プロンプトエンジニアリング 36
- プレゼンテーション資料 26、112
- ブレインストーミング 66
- プラグイン 72

や
- 有料プラン 134
- 弱いAI 28

ら
- 利用規約 23
- 履歴 26
- レポート作成 108

面
- 面接 50
- メモリ機能 40
- メニュー開発 62
- メールの作成 42

主な参考資料

ChatGPT OpenAIヘルプセンター
https://help.openai.com/en/collections/3742473-chatgpt
『ChatGPTの全貌 何がすごくて、何が危険なのか?』(岡嶋裕史 著、光文社)
『思考からの逃走』(岡嶋裕史 著、日本経済新聞出版)
『倍速講義 ChatGPT & 生成AI』(岡嶋裕史 監修、日経BP)
「ONE COMPUTER MOOK ChatGPTパーフェクトガイド」(ワン・パブリッシング)
「100%ムックシリーズ 完全ガイドシリーズ386 ChatGPT完全ガイド」(晋遊舎)
「Newton別冊 生成AIとは何か? AIは社会をどのように変えるのか? よくわかる人工知能のすべて」(ニュートンプレス)
「Newton別冊 生成AIの最前線とその未来予想図 ChatGPTの未来」(ニュートンプレス)

岡嶋裕史（おかじま ゆうし）

中央大学国際情報学部教授／中央大学政策文化総合研究所所長

1972年東京都生まれ。中央大学大学院総合政策研究科博士後期課程修了。博士（総合政策）。富士総合研究所勤務、関東学院大学経済学部准教授・情報科学センター所長等を経て現職。専門分野は情報ネットワーク、情報セキュリティ。『ChatGPTの全貌』『Web3とは何か』『メタバースとは何か』（以上、光文社新書）、『いまなら間に合うデジタルの常識』『思考からの逃走』『実況！ビジネス力養成講義 プログラミング／システム』（いずれも日経BP、日本経済新聞出版）、『ブロックチェーン』『5G』（ともに講談社ブルーバックス）など著書多数。『たちまちスマホの達人』などNHK Eテレ「趣味講座シリーズ」講師も務める。

装幀	石川直美（カメガイ デザイン オフィス）
本文デザイン	伊藤 悠
装画・本文イラスト	秋田綾子
校正	渡邉郁夫
編集協力	オフィス201（高野恵子）

知識ゼロからのChatGPT入門
生成AIに何をしてもらうと便利なのか

2025年3月10日 第1刷発行

監　修　岡嶋裕史
発行人　見城 徹
編集人　福島広司
編集者　鈴木恵美

発行所　株式会社 幻冬舎
　　　　〒151-0051　東京都渋谷区千駄ヶ谷4-9-7
　　　　電話 03-5411-6211（編集）　03-5411-6222（営業）
　　　　公式HP: https://www.gentosha.co.jp/

印刷・製本所　近代美術株式会社

検印廃止

万一、落丁乱丁のある場合は送料小社負担でお取替致します。小社宛にお送り下さい。
本書の一部あるいは全部を無断で複写複製することは、法律で認められた場合を除き、著作権の侵害となります。
定価はカバーに表示してあります。
ⓒ YUSHI OKAJIMA, GENTOSHA 2025
Printed in Japan
ISBN978-4-344-90364-7　C2095
この本に関するご意見・ご感想は、下記アンケートフォームからお寄せください。
https://www.gentosha.co.jp/e/